이 책을
펄의 과거, 현재
그리고
미래의 학생들에게 바칩니다.

Lady Master Pearl, My Teacher

빛의 메신저

나의 스승
레이디 마스터 펄

피터 마운트 샤스타

이상범 · 김성희 · 배민경 옮김

이 책은 I AM Teachings에서 발행되었으며, 원-저작권은 피터 마운트 샤스타에 있습니다.

모든 권리는 법적인 보호 아래 있습니다. 이 책의 어떤 부분도 저자의 허가 없이 무단 도용 혹은 정보 검색 시스템에 저장하거나, 어떤 수단으로 전파할 수 없음을 알려드립니다.

피터 마운트 샤스타 웹사이트 http://www.i-am-teachings.com
아이엠티칭스 네이버 카페 https://cafe.naver.com/iamteachingskorea

빛의 메신저
나의 스승
레이디 마스터 펄

글쓴이 피터 마운트 샤스타 Peter Mt. Shasta 번역 이상범, 김성희, 배민경 편집·디자인 공찬
발행인 유상숙 펴낸이 유상숙 출판등록 제 2020-000126호
개정판 1쇄 펴낸날 2024년 1월 11일 개정판 2쇄 펴낸날 2025년 3월 28일 펴낸곳 아이엠티칭스
주소 경기도 성남시 분당구 동판교로 123 전화/구입문의 070-8064-7470

© 아이엠티칭스, 2025
ISBN 979-11-975216-6-9 (03290)
값 16,800원

* 이 책에는 네이버에서 제공한 나눔글꼴이 적용되어 있습니다.

이 책을 읽고 크게 감명받아 눈물이 나왔습니다. 펄이 지금 바로 내 옆에 와 계신 것을 느낍니다.

— Julie S. G., New York

내게 영감을 주는 펄의 인생담을 집어 든 순간, 나는 어머니와 같은 그녀의 따듯한 현존을 느꼈습니다. 그리고 그녀가 내가 배워야 할 깊은 지혜를 가지고 있다는 것을 알았습니다.

— Violet S., Mount Shasta, California

너무 큰 설렘으로 가슴이 흥분되고, 손에서 책을 내려놓을 수 없었습니다. 내 가슴속에서 피터와 펄의 만남에서 나온 것 같은 깊은 감동을 느낍니다.

— Christine O., Redwood City, California

나는 펄과 함께 보냈었던 그 모든 순간을 소중하게 여기고 있습니다.

— Michael T., Clearlake, California

펄을 부르는 가장 좋은 방법은
가슴 중심에 빛나는 진주를 시각화하고
"나는 신성한 어머니의 화신인 위대한 가치를 지닌 진주입니다."라고
말하는 것입니다.

- 피터 마운트 샤스타 -

펄 도리스 Pearl Dorris

한국의 독자들에게

나는 내 사랑과 축복을 한국에 태어난 모든 이들에게 전하고 싶습니다. 당신이 이 책을 읽을 때, 내가 당신과 함께 한다는 것을 아십시오.
— 펄, 2021년 2월 2일

나는 나의 선생님이었던, 펄이 한국인들에게 보내는 이 축복의 말을 받아 적으며 놀랐습니다. 그녀는 채널링을 한 적도 없었을 뿐더러 자신의 학생들에게 채널러들과 멀어지라고 강경하게 말해왔기 때문입니다. 여기에는 이유가 있었는데, 어떤 채널은 메시지가 비록 진리를 담고 있더라도, 당신의 힘을 다른 이에게 주는 행위는 당신을 나약하게 할 뿐이기 때문입니다. 결국에는, 우리 자신이 스스로 우리 안에 내재하신 신성의 근원을 찾아야만 합니다.

이것이 그녀의 기본적인 가르침이었습니다. 당신 존재의 중심으로 의식을 돌려 그곳에 집중하세요. 그리고 당신이 구하는 그것을, 지금 당신의 심장을 뛰게 하고, 당신의 생명을 유지시켜주며, 당신 존재의 가장 깊은 곳에서 '위대한 가치를 지닌 진주'라고 불리는 내적 현존을 찾으세요. 이 가르침을 펴는 것을 후원하고 이 책의 한국어판이 나오는 것을 가능하게 해 준 이상범, 유상숙, 김성희, 배민경 씨에게 특별한 감사를 전합니다.

다시 한번 너희들에게 말하노니,
천국은 마치 좋은 진주를 구하는 상인과 같노라.
이 상인이 위대한 가치를 지닌 한 개의 진주를 찾았을 때,
그는 그곳에 가서 자신이 가진 모든 것을 팔아
이 진주를 샀노라.
- 마태복음 13:45-46 킹제임스 성경 -

피터 마운트 샤스타, 2021년 2월

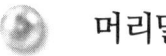 머리말

> 사랑하는 이들이여, 우리는 말과 언변으로만
> 사랑하지 말고 대신 행동과 진리 안에서 사랑합시다.
> - 요한복음 3:18 -

'여성 마스터 펄'은 그냥 단순히 한 여성의 삶에서 벌어진 일들을 순서대로 나열한 기록이 아닙니다. 이 책은 빛으로 들어가는 안내서입니다. 피터 마운트 샤스타는 그의 자서전에서 보여준 작가로서의 재능을 통해 그의 가까운 친구이자 스승이었던 펄 도리스Pearl Dorris에 대한 이 심오한 전기를 썼습니다. 독자 여러분은 이 책에서 사랑이 이 세상에 나타나는 다양한 표현을 이해하게 될 것이고, 또 진정한 사랑으로 들어가게 해 주는 깊은 진실을 이 글이 쓰인 페이지들 안에서 찾게 될 것입니다. 펄의 삶이 보여주는 본보기들을 만약 여러분이 허용한다면, 여러분의 삶을 바꾸고 빛으로 가는 당신 자신의 길을 열어줄 것입니다. 이 책은 사랑과 가능성, 그리고 더 나아가 인류가 언젠가는 반드시 가야 할 필연적인 길에 관한 책입니다.

펄 도리스와 같이, 이 작은 책은 지구의 영적 파동에서 조용하지만 강력한 현존을 가졌습니다. 그녀의 이야기들은 시대를 넘어서 분명하고도 명정한 메시지를 전합니다. 이것은 I AM 현존에 관한 지식의 보호자와 계승자들의 계통을 잇는 살아 있는 연결점입니다. 그녀의 이야기들은 또한 상승 마스터들과 그들의 가르침이 주어지는 법칙에 관한 많은 질문과 이슈들에 대한 상세한 답과 설명을 포함하고 있습니다. 그녀가 전한 분명한 메세지는 항상 각자 자신 안에 내재하신 I AM 현존에서 먼저 안내와 가이드를 구하고, 마스터들과의 개인적 관계를 발달시키라는 것입니다. 우리 내면의 안내에서 나오는 허락을 제외하고는 다른 어떤 외적인 허락을 구할 필요가 없습니다.

  이 책은 훌륭한 삶을 살다 간 한 사람의 자연스러운 삶의 기록입니다. 이 물질적 차원에서는 인간으로서의 육체적 경향성과 유혹에서 누구도 예외가 될 수 없습니다. 그렇지만, 여기서 우리는 인류 모두에게 큰 희망과 신념을 주는 최후의 승리를 거둔 한 인간의 진화와 성장의 시연을 봅니다. 이 책은 그래서 빛에 봉사하고자 하는 모든 이들에게 힘이 되고 영감을 주는 책입니다. 펄의 본보기를 통해 우리는 사랑 안에서 삶을 살아가라는 메시지를 받습니다. 마스터 예수의 다음과 같은 가르침이 생각납니다. "그대들은 서로를 사랑하라. 내가 그대들을 사랑한 것처럼, 서로를 사랑하라. 그럼으로써, 그대들이 내 제자임을 모든 이들이 알게 되리라."

펄의 인생은 봉사와 회개의 삶이었고, 우리의 삶도 그렇게 되어야 합니다. 그녀의 삶은 깨달음의 기회였고, 그녀는 그 기회를 놓치지 않았습니다. 지금은 깨달음으로 인해 각성한 내적 사랑이 이 어두운 행성의 모든 구석구석을 비추게 할 새로운 길을 창조할 때입니다. 동시에 지금은 자유 의지 안에서의 개체적 책임이라는 특권을 받아들일 때입니다. 오직 이렇게 될 때, 인류가 집단으로 이 세계를 바꿀 수 있습니다.

환생한 인간들과 상승 마스터들은 본질적인 측면에서는 모두 같습니다. 이들 모두는 경험 안에서의 성장이라는 이 지구상의 계속되는 프로그램 속에서 중요한 역할을 하고 있습니다. 어떤 이들은 과거에서 비롯된 인과의 소용돌이에 계속 뛰어들고 싶은 유혹을 느낄 수도 있습니다. 그러나, 지금 깨어나라는 우주적 나팔 소리는 누구도 피할 수 없습니다. 이 나팔 소리는 지금이야말로 하나님 영광의 흐름으로 자신을 해방하라고 촉구하고 있는데, 오직 지금만이 신성 안에 존재하는 유일한 시간이기 때문입니다. 자기 완성은 스스로 구하고 자신의 삶에서 이것을 적용하는 모든 이들의 손안에 이미 들어있습니다. 이것은 살아 있는 지식이자 모든 시대를 관통하는 지혜이기에, 종교적 도그마에 가둘 수 없는 것입니다. 이것은 생명의 흐름 안에서 살아져야 하는 것입니다.

 펄의 이야기들과 유산은 피터 마운트 샤스타에 의해 계승되었고, 자신 안에 내재한 빛에 의해 살아가는 그녀의 모든 학생에 의해 계속되고 있습니다. 여러분의 이야기는 무엇입니까? 여러분은 어떻게 여기에 자신만의 독특한 빛을 더하고 있습니까? 우리는 이 지구에서 진흙탕과 같은 삶을 탈출한 후, 어떤 환상적인 상승을 성취하기 위해 여기에 와 있는 것이 아닙니다. 우리는 천상의 파동을 지금 여기서, 이 신성한 행성 경험의 파동 속으로 내려오게 하려고 지구에 와 있는 것입니다.

 피터 마운트 샤스타의 변하지 않는 메시지는 세인트 저메인의 전생인 프랜시스 베이컨, 즉 윌리엄 셰익스피어의 문구를 빌려서 이렇게 표현됩니다.

다른 모든 것을 넘어서, 그대 자신에게 진실하라.
그리고, 마치 밤이 지나면 낮이 오듯이

이것이 변치 않는다면,
그대는 어떤 사람에게도 거짓되지 않으리라.

한 건축물의 구조적 견고성을 위해서는, 건물을 이루는 하나하나의 벽돌이 자체적으로 구조적 견고성을 가지고 있어야 합니다. 피터 마운트 샤스타가 그의 인생을 통해 소중하게 보존해 온 이 역사적 토대가 이 지상에 우리 자신의 I AM 현존이 나타날 수 있는 토대가 되길 바랍니다. 또한, 우리 자신이 부조화 없는, 오직 사랑만이 실재하는 영원한 빛의 사원을 지구상에 창조하는 견고한 기둥이 되기를 바랍니다.

데이 프로핏, 2015년 2월

서구의 비전주의

오늘날 상승 마스터라고 불리는 이들은 한때 지구상에 살았던, 위대한 희생과 자기 정화 그리고 명상을 통해 자신을 높은 의식의 차원으로 들어올린 이들입니다.* 1875년, 상승 마스터들은 마담 헬레나 페트로브나 블라바츠키Helena Petrovna Blavatsky가 신지학회를 설립하도록 만들었습니다. 이는 먼 아시아에서 오랜 세월 동안 숨겨졌었던 인간의 진화에 관한 위대한 비밀들을 인류에게 밝힐 목적이었습니다. 마담 블라바츠키가 사망한 뒤, 이 단체는 애니 베산트Annie Bessant, 헨리 스틸 올콧Henry Steel Olcott 과 윌리엄 콴 저지William Quan Judge 등에 의해 계속 운영되었습니다. 대사들의 계속된 가이드와 인도에도 불구하고, 2차원적인 언어로 다차원적인 진리를 전달하는 데에는 한계가 있었습니다. 그래서 가르침의 전달과 해석에 있어 사람들 간의 의견 충돌이 끊이지 않았고, 이런 이유로 많은 회원이 결국 신지학회를 떠나 그들만의 새로운 단체를 만들었습니다. 이 중 몇몇을 예로 들자면, 윌리엄 콴 저지가 시작한 미국신지학회(American

---

* '상승 마스터'라는 표현은 1924년 베어드 스폴딩에 의해서 처음 만들어진 것으로 추정되며 1930년대에 이르러 갓프리 레이 킹에 의해 널리 쓰이게 되었다. 티베트에서는 이렇게 높은 의식에 도달한 이들이 육신을 빛으로 되돌리는 과정을 쟈루Jalus라고 한다. 인간의 영혼, 즉 상위 정신체(Higher Mental Body)가 상승하면 무지개 몸(Rainbow Body)으로 불리는 I AM 현존 또는 아트만atman과 통합된다.

Theosophical Society), 앨리스 베일리Alice Bailey가 만든 아케인 스쿨the Arcane School, 루돌프 슈타이너Rudolf Steiner가 만든 인지학회(the Anthroposophical Society) 그리고 맥스 하인델Max Heindel이 만든 로지크루시안(the Rosicrucian Fellowship) 등이 있습니다. 1914년, 조셉 베너Joseph Benner는 마스터들에 초점을 맞춘 신지학회의 전통을 깨고, 자신의 책 《내 안의 나》(The Impersonal Life)에서 마스터나 구루를 찾기 전에 인간 각자 안에 내재하신 신적 현존에 집중해야 할 필요에 대해 말했습니다. 그리고 내재한 신적 현존에 대한 명상을 통해 어떻게 그 상위 자아를 창조계로 불러내는지에 대해 가르쳤습니다.

1924년에는 베어드 T. 스폴딩Baird T. Spalding이 《초인생활》(Life and Teachings of the Masters of the Far East)이라는 책에서 그리스도 의식 즉, 예수 그리스도라는 역사 속 인물을 넘어 I AM에 대해 명상함으로써 불러낼 수 있는 신성 의식을 대중적으로 알려지게 했습니다. 상승 마스터들에 대한 이해도 더욱 대중적으로 알려지게 했는데, 이러한 이해는 신지학회의 책들에서는 명확히 묘사되지 않은 것이었습니다.

1929년, 애니 베산트와 신지학회에 의해 다음 시대의 세계의 스승(마이트레이야로 알려진 그리스도 의식의 현현)으로 길러진 지두 크리쉬나무르티Jiddu Krishnamurti는 그 역할을 포기하고 사람들이 어떤 스승에게 의존하기보다는 자신의 해방을 위해 스스로 책임질 필요가 있다고 선언했습니다. 크리쉬나무르티는 더 나아가 이 과정은 오로지 세상 속에서 자신을 관찰, 성찰함으로써 성취될 수 있다고 말했습니다. 신지학회를 혼란으로 몰아넣은 그의 포기 선언은 개인의 내적 인식이라는, 다가오는 뉴에이지의 영적 기반이 되었습니다.

1920년대에 가이와 에드나 발라드(Godfre and Lotus Ray King)는 윌리엄 콴 저지 그리고 베어드 스폴딩의 학생들이었고, 그들은 거기서 마스터들과 I AM에 대한 기초적 이해를 얻게 되었습니다.

1928년, 맨리 홀Manly P. Hall은 《모든 시대의 비밀 가르침》(The Secret Teachings of All Ages)이라는 역작을 출판했는데, 이 책을 통해 비전되는 가르침에 입문받지 못한 이들도 비로소 고대의 많은 미스터리들을 이해할 수 있게 되었습니다.*

1929년, 상승 마스터 세인트 저메인은 샤스타산에서 가이 발라드에게 나타나 직접적인 가이드와 수행법을 전해주었습니다. 얼마 후, 발라드 부부는 세인트 저메인 재단을 설립했고, 나중에는 그들의 이름을 갓프리와 로터스 레이 킹으로 바꿨습니다.

1930년대에 이르러서, 펄 도리스Pearl Dorris는 가이 발라드의 학생이 되었고, 나중에는 그의 단체에서 일하는 스태프이자 조수가 되었습니다. 세인트 저메인은 그녀를 샌프란시스코의 I AM 성소의 책임자로 임명했습니다.

---

* 펄은 맨리 홀을 로스엔젤레스에 있는 그의 철학연구회 본부에서 만났다. 맨 앞 좌석에 앉아 강의를 듣고 있는 펄을 본 맨리 홀은 예정되었던 강의 주제를 갑자기 바꾼 후, 펄의 눈을 직시한 채 이렇게 말했다. "오늘 밤, 나는 세인트 저메인에 대해 말할 것입니다."

세인트 저메인

'세인트 저메인'이라는 이름은 현재 수많은 시대 동안 인류 의식을 고양하기 위해 지치지 않고 일해 온, 이 인류의 위대한 친구이자 형제인 대사가 사용하는 이름입니다. 그는 18세기 초에 유럽의 많은 지역에 출현하기 시작했는데, 일의 필요에 따라 세인트 저메인 백작 외에도 라곡지Ragoczy 백작, 솔티코프 Soltikoff 백작 그리고 웰던Weldone 백작 등으로 알려지기도 했습니다. 그는 유럽의 귀족들과 유럽 사회의 인텔리계층에 잘 알려져 있었는데, 그 당시 살았던 인물들의 일기에, 프랑스 파리와 러시아의 세인트 피터스버그만큼이나 먼 거리에 있는 도시들에서도 동시에 자주 나타난 것으로 묘사되어 있습니다. 그로부터 대략 100년 동안 그는 항상 간단하지만 우아하게 차려입은 잘생긴 젊은 남자로 나타났는데, 엄청난 재산을 가진 이로 알려졌습니다.

아무도 그가 마시거나 음식을 먹는 것을 본 적이 없었고, 상황에 따라 필요할 때면, 그는 흔적도 남기지 않고 사라진 것으로 알려졌습니다. 그리고 그가 가진 의식 고양의 영향력은 신지학회의 초기 시절인 19세기 말 다시 한번 나타나게 됩니다. 현재 세인트 저메인은 고대의 지혜를 받아들일 준비가 된 이들에게 그것을 좀 더 현대화된 방식으로 전수하여 이 시대에 높이 진보한 새로운 인류가 출현할 수 있도록 가이드하고 있습니다.

세인트 저메인의 위대한 사랑은 모든 인류 안에 내재하신 I AM 현존을 알리는 것에 헌신하는 것입니다.

에테르 형체의 세인트 저메인

I AM 현존(The I AM Presence)

I AM 현존은 개체적 자아가 나타나는 개별화된 신적 현존입니다. 이것을 인도에서는 아트만, 불교에서는 다르마카야Dharmakaya, 그리고 비전주의에서는 모나드Monad로 부릅니다. I AM 현존은 태양과 같은, 가슴에 있는 개체적 빛의 근원이며 이것이 매 순간 우리 육체에 생명력을 불어넣고 있습니다. 이 생명력은 심장과 폐 그리고 인간의 마음과 신경망 등을 활동하게 만드는 힘입니다.

가슴에서 감지가 가능한 이 느낌은 종종 가슴 센터(Heart Center)라고 불리기도 합니다. 이 빛은 사실 복장뼈 뒤, 흉선 근처에 고정되어 있습니다. 이 현존은 마치 가스스토브의 불처럼 활성화되기 전까지는 보이지 않습니다. 이 빛은 자아 의식의 중심이자 개체화한 I AM 현존으로서, 하나님의 한 부분입니다. 즉 존재하는 모든 것이 하나님이듯, 그 빛도 하나님입니다.

당신이 그 현존을 느끼고, "I AM"이라고 말하게 될 때, 당신은 신성한 하나님의 권능을 창조계로 불러내게 되고, 당신의 의식 안에 있는 어떤 상념이나 감정, 그리고 말에 의해 그 속성을 부여받게 됩니다.

 하나님

〈마스터의 제자〉, 〈베일 벗은 미스터리〉 그 외 피터 마운트 샤스타의 저서에서 본문의 God을 왜 굳이 '하느님'이 아닌 '하나님'으로 번역하였는가에 대해

본문에 나오는 God 즉 '신'이라는 말은 이 책에서 문맥상 좀 더 자연스러운 표현이 필요할 때마다 '하나님'이라는 표현과 병행해서 사용했습니다. 독자분들 중 특정 종교에서 자주 쓰이는 '하나님'이라는 표현에 불편함을 느꼈다는 분들이 계셨는데, 이 책에서 쓰인 '하나님'이라는 표현은 현재 지구상에 존재하는 어떤 종교와도 관련이 없다는 것을 여기에서 명확히 하고자 합니다.

'하나님'이라는 표현을 쓴 이유에 대해 좀 더 자세히 설명하자면, 이것은 인류의 이전 진화 사이클에 존재했던 문명이자 이 책에 여러 번 묘사된 초고대 문명인 아틀란티스 문명과 관련이 있습니다. 지구 시간으로 대략 기원전 35,000년쯤에 시작돼서 기원전 10,000년까지 존재한 아틀란티스 문명권의 황금기 동안에는 인류가 하나의 근원에서 나왔다는 우주적 대백색

형제단의 가르침이 실제로 그 당시 인류에 의해 받아들여지고 있었습니다. 이 가르침은 흔히 'Law of One', 즉 '유일자의 법' 혹은 '하나의 법칙'으로 불리고 있었습니다. 이 가르침의 핵심은 '우주 만상을 관통해 흐르는 신성한 일체성을 깨닫고, 지구상에 더 조화롭고 영적인 문명권을 건설하자'라는 것이었습니다.

신성의식의 제5광선, 즉 과학과 물질화, 치유 그리고 진리의 수호가 특징적으로 발현되고 성숙되는 제5광선의 문명이었던 아틀란티스에는 주로 시리우스, 플레이아데스, 악터러스에서 온 고차원 우주인들에 의해 우주적 대백색 형제단의 가르침이 널리 알려지고 퍼져 있었기 때문에 아틀란티스에 환생한 지구 인류들은 이러한 높은 진리의 가르침을 자연스럽게 받아들이고 있었습니다. 이러한 이야기들은 현재도 미국과 오스트레일리아 그리고 아프리카 원주민들의 다양한 전설들을 통해 전해 내려오고 있습니다.

이 '하나의 법칙'(Law of One)이 나온 근원은 개인적 단계에서도 이해될 수 있었는데, 바로 우리 의식의 근원이 어디서 나온 것인지에 대한 이해와 관련이 있었습니다. 이를 설명해 보자면 다음과 같습니다.

의식의 빛이 자유의지를 가진 창조주의 자녀로서 우주의 중심태양에서 개체화되어 나타나기 전, 하나의 의식(Unity Consciousness)이 존재하는데, 우리의 진정한 모습은 이 창조 전의 빛, 의식과 진실로 동일합니다. 이 궁극의 진리에 대해 깊이 숙고, 명상해 본다면 이것을 이해하기 위한 그 어떤 종교적 관념이나 도그마도 필요치 않다는 것을 우리는 발견하게 됩니다.

독자 여러분께서 이 책에 소개된 높은 진리의 가르침들을 한계 지어진 에고 의식의 필터를 넘어선 상태에서 받아들이고, 또 스승들의 은총을 통해 이 '하나의 의식'을 직접 경험할 수 있는 더 확장된 의식 상태로 나아가기를 바라며….

이상범

 서문

옴 마니 파드메 훙 Om Mani Padme Hung

(연꽃 안에 빛나는 보석)

- 자비의 부처님이신 관세음보살(Chenrezig)의 만트라 -

그녀는 언뜻 보기에 평범한 할머니처럼 보였습니다. 하지만 그녀의 거실에는 전 세계에서 온 많은 이들이 그녀와 함께하기 위해 모였습니다. 펄 도리스는 1930년대에 가이 발라드의 조수였습니다. 그녀는 신지학회 때부터 이어져 오던 마스터들의 고대 비전 가르침들을 이론적으로만 이어나가기보다는, 가슴에서 가슴으로 직접 하나님의 실재에 대한 깨달음을 전수해 주었습니다. 그녀에 의해 의식이 고양된 이들은 상승 마스터들의 실재를 그들 스스로 느낄 수 있었고, 펄이라는 본보기를 통해 마스터들과 같이 일하는 방법을 배울 수 있었습니다. 1972년, 아무런 예고도 없이, 많은 이들이 갑자기 그녀의 집 문을 두드리기 시작했는데, 오로지 입에서 입으로 전해진 이야기를 듣고 찾아온 것이었습니다. 그 당시에는 인터넷도 없었지만, 이후로 18년 동안, 그녀가 1990년 사망하기까지 대략 12,000여 명이 넘는 이들이 샤스타산에 펄을 만나기 위해 방문했고, 그들 자신 안에 내재한 신성을 깨닫게 되었습니다.

펄은 샤스타 마을의 변두리 길 끝에 있는 나무들에 둘러싸인 자그만 집에서 살았습니다. 그녀는 결코 다른 이들의 스승이 되고자 하지 않았고, 그 집에서 그녀와 그녀의 남편 제리는 그들의 평화로운 일상과 세상에서 떨어진 삶을 소중히 하면서 살았습니다. 그녀의 개인적 바람에도 불구하고, 마스터들은 그녀가 자신들의 가르침을 대표하는 역할을 맡기를 기대하면서 펄에게 구도자들을 보내기 시작했습니다. 그녀의 현존 안에서 사람들은 마스터들의 에너지를 느낄 수 있었고, 신적 현존을 직접 인식하는 단계로 의식이 고양되었는데, 이러한 경험을 겪은 이들은 자신이 이전과 달라졌다는 것을 알게 되었습니다.

펄은 그녀의 가슴에 밝게 빛나는 보석과 같이 높이 고양된 의식을 가지고 있었는데, 이것은 성경에서 '위대한 가치를 지닌 진주'라고 불리는 것이었습니다. 아시아에서는 이것을 '연꽃 안에 빛나는 보석(the Jewel in the Lotus)'이라 불렀습니다. 더 나아가, 그녀는 그 고양된 의식을 다른 이들에게 전이해 줄 수 있는 능력을 갖추고 있었습니다. 이 의식의 전이를 받기 위해, 사람들은 그녀를 아침 8시부터 밤 10시까지 매일 찾아왔습니다. 그러나 어떠한 부탁도 성가시게 여기지 않았는데, 어떤 이가 마스터들과 접촉하고 싶어 하거나, 인간관계에서 오는 어려움과 괴로움에 대해 도움을 구하고자 할 때도, 마치 어머니처럼 항상 거기에 있어 주었습니다. 비록 펄이 누구에게도 이러한 도움에 대한 대가를 원하지 않았지만, 때때로 사람들은 책갈피 사이에 약간의 돈이나 수표를 끼워놓기도 했습니다. 다른 이들은 그녀의 도움에 대한 감사의 표시로 꽃이나 크리스털 같은 선물을 가져오기도 했습니다. 그녀의 남편 제리는 동네의 모텔 프런트에서 일하면서 이러한 펄의 활동을 도왔습니다.

  나는 이제 독자들이 그녀의 생애에서 영감을 받고, 내가 그녀로부터 받았던 내적 신성에 대한 지식과 같은 지식을 얻을 수 있기를 바라는 희망을 품고 이 책을 씁니다. 마스터 세인트 저메인은 1973년 나를 펄에게 보냈습니다. 나는 먼 아시아 여행에서 막 돌아온 상태였고, 영적인 길에서의 가이드와 내가 가진 질문들에 대한 해답을 구하고자 뮈어 우즈로 알려진 샌프란시스코 북쪽에 위치한 한 레드우드 숲으로 갔습니다. 거기서, 이 놀라운 존재인 세인트 저메인이 육신을 물질화해서 내 앞에 나타났고, 나를 펄이 있는 샤스타산으로 보내 수련을 받게 했습니다.

개인적 프라이버시를 보호하기 위해, 나는 이 책에 나오는 많은 인물의 이름을 바꿨습니다.

펄과 같은 존재를 만나는 것은 흔치 않은 일입니다. 영적 진리에 대해 단순히 설법하는 것을 넘어서, 그녀는 그 진리의 에센스를 직접 전수해 주었습니다. 그녀의 봉사는 그녀를 만난 이들의 삶을 완전히 바꾸는 전환점의 역할을 하게 되었고, 더 나아가 서구에서 비전적 가르침이 주어지는 방식을 한 단계 진보시키는 계기가 되었습니다. 한 명의 구루나 또는 높은 차원의 존재들을 채널링하는 채널러로서가 아니라, 그녀는 자신의 일상적 삶을 상위 자아 의식으로 살아간 본보기 여성이었습니다. 이전 시대에서 했던 방식과는 달리, 펄은 미국에서 처음으로 비전적 가르침을 지적으로 가르치기보다는 내재하신 하나님을 직접 사람들이 경험할 수 있도록 해주었습니다.

차례

한국의 독자들에게	08
머리말	10
서구의 비전주의	15
세인트 저메인	19
I AM 현존 (The I AM Presence)	22
하나님	23
서문	26

산골소녀	32
미스터리한 여인의 출현	37
첫 직업, 첫 남자	41
선행	45
세인트 저메인의 출현	47
상승 마스터를 경험하다	52
도시와 다리를 지켜내다	57
마스터의 요청	61
사랑하는 마마의 분노를 사다	65
쌍둥이 광선과 만남	69
레이디 마스터의 구조	75
폭풍을 불러온 펄	79
갓프리 레이 킹의 상승	83
다음 메신저는 누구?	87
로맨스, 결혼 그리고 이혼	99

펄과 유엔(UN)	108
레이디 마스터 레토의 꾸짖음	115
UFO 방문자들	119
샤스타산의 부름	123
하이트 애쉬베리	128
마스터가 보낸 두 사람	133
펄과 나의 만남	137
세인트 저메인을 부르는 우리	144
마법 전화기	158
도전들	163
상승 가까이에서	172
여성을 향한 펄의 조언	176
당신은 준비되었다	182
내적 결혼	189
펄과 제리	192
한 걸음 한 걸음 오르는 우리	198
빌이 드러낸 것	211
펄의 상승	214

피터 마운트 샤스타의 다른 책들(영문판)	220
추신 : 이 전기의 역사적 정확성에 관하여	221
감사의 말	224

제1장

산골소녀

드넓은 로키산맥에서 자유로운 영혼으로 성장한 펄은 1905년 10월 20일, 콜로라도주 포트 콜린스에서 서쪽으로 9km가량 떨어진 캐시 라 푸르 강 계곡에 자리한 라포트의 작은 마을에서 태어났다. 그녀는 앨리스 퍼말리 윈터스와 윌리엄 커티스 호크를 포함한 4남 2녀 중 막내였다. 펄의 가족들은 사탕무를 재배했고 그녀 역시 등교를 하지 않는 날이면 닭들에게 모이를 주거나 난로에 쓸 장작을 나르곤 했다. 그녀는 한가할 때면 콜리와 독일산 셰퍼드의 잡종인 반려견 퀴니와 함께 산의 여기저기를 돌아다녔다. 그녀가 그 당시에는 몰랐지만, 그들의 농가 근처에는 《베일 벗은 미스터리》(Unveiled Mysteries)에서 언급된 상승 마스터의 은둔처인, 상징의 동굴(Cave of Symbols)이 있었다. 이 사실은 수년 후, 그녀가 그 책의 저자인 갓프리 레이 킹을 만났을 때 드러났다. 마스터 세인트 저메인은 이러한 갓프리의 안내 하에 마침내 그녀를 샌프란시스코 I AM 성소(San Francisco I AM Sanctuary)의 수장으로 지명하게 된다.

산속에 있는 펄의 집은 단열 처리가 되어 있지 않아 겨울밤이 되면 그녀는 수건을 감은 뜨거운 벽돌을 침대 발치에 두고 잠자리에 들곤 했다. 어느 겨울날, 중이염에 걸린 그녀는 며칠 동안 고열로 고생한 후에 자신의 청력 대부분이 손실되었다는 사실을 알게 되었다. 이 병이 많은 오해를 불러왔기 때문에, 그녀는 마치 어떤 잘못에 대해 벌을 받은 존재가 된 것처럼 항상 열등감에 시달렸다. 비록 그녀가 독순술讀脣術을 배우긴 했지만, 사람들이 그녀와 얼굴을 마주하지 않으면 그녀는 그들이 하는 말을 이해할 수 없었다. 이러한 타인과의 대화 불능은 그녀의 의식을 내면으로 이끌었고, 그녀는 상위 자아와 소통하고 대답을 듣는 법을 배우게 되었다. 신적 자아(God Self)의 대답을 듣는 이러한 능력은 종종 다른 사람들을 깜짝 놀라게 했고, 그녀가 어느 정도 선견지명이 있다는 평판을 안겨주었다.

형제자매들이 집을 떠난 직후에, 그녀의 어머니가 세상을 떠났다. 이 무렵 그녀의 나이는 열네 살이었고 그녀는 아버지와 함께 목장에 홀로 남겨졌다. 어느 날 그녀의 아버지는 그녀와 상의도 없이 갑자기 농장을 팔고 로스앤젤레스와 가까운 캘리포니아 리버사이드로 그녀를 데리고 이사를 했다. 여전히 어머니를 잃은 슬픔에 젖어 있던 그녀는, 평화롭고 고요한 그 산을 떠나야 한다는 사실에 더욱 비통해졌다. 게다가 퀴니 역시 남겨두고 가야만 했다. 번잡스러운 남부 캘리포니아의 평평한 지대에 도착했을 때, 그녀는 충격에 빠져 의식을 잃었다. 그렇게 7일 동안 혼수상태에 빠져 있던 그녀가 살아날 가망은 없어 보였다. 그러나 혼수상태에 빠진 그때 그녀의 의식이 몸 밖으로 빠져나왔고, 마스터들이 그녀에게 그녀의 많은 과거 생애들을 보여주었다.

그녀는 마스터들이 준 사명을 다하지 못한 어느 과거 생애를 보게 되었는데, 그녀의 현 생애에서 나타난 열등감이 청력 상실 때문이 아니라 과거 생에서의 그 불복종에서 비롯된 것임을 알게 되었다. 그녀는 자신이 어린 소녀들에게 고결하고 사회에서 의미 있는 성취를 이룬 여성이 되는 길을 가르칠 임무가 있었던, 레무리아 사원의 사제였다는 사실을 알게 되었다. 그녀는 호위대원 중의 한 사람과 사랑에 빠졌는데, 당시에 그녀는 그가 자신의 쌍둥이 광선이라는 사실을 깨닫지 못했다.* 그들이 독신 서약을 깨버렸다는 사실이 밝혀졌을 때, 그 스캔들은 사원의 몰락이라는 결과를 가져왔다. 오늘날의 샌프란시스코 지역에 동쪽 끝부분이 닿아 있던 그 문명은 대지진으로 멸망을 맞이했다.

더 최근의 생애였던 1800년대 미국에서, 그녀는 자신의 쌍둥이 광선과 재회했고, 또다시 사랑에 빠졌다. 그러나 그가 다른 여자와 결혼하자, 그녀는 다시 열네 살의 나이에 실연의 아픔으로 세상을 떠났다. 이제 그때와 같은 나이가 된 그녀는 자신의 몸을 떠나거나, 아니면 자신의 카르마적인 상처를 치유하고 실패를 만회할 수 있는 선택권을 가지게 되었다. 그녀는 다시 한번 영적인 횃불이 되어 해방과 자기 완성, 그리고 상승을 성취할 수 있었다.

그녀가 이번 생에 머물기로 하자 항상 그녀에게 교훈을 상기시켜 주는 그녀의 이름, 펄(pearl, 진주)의 의미가 무엇인지 명확히 볼 수 있었다. 그녀는 마치 염증을 유발하는 모래 알갱이들로부터 자신을 지키려 주변에 액체를 분비하고, 마침내 진주

---

* 쌍둥이 불꽃(Twin Rays)은 특정한 삶의 교훈을 얻기 위해 여성적이고 남성적인 측면으로 나누어진 신성 불꽃의 이중적인 측면을 말한다. 일단 인간 진화(human evolution)를 마치게 되면, 이러한 측면들은 재결합할 수 있다. 모든 존재가 이런 분리를 겪는 것은 아니다. 자신의 쌍둥이 광선을 찾는 일은 별로 도움이 되지 않는데, 자신을 정화하고 신적 자아(I AM Presence)에서 나오는 자신의 광선을 의식하는 것이 먼저 해야 할 일이기 때문이다. 소울 메이트들Soul Mates은 지난 생애들을 함께 했었던 존재들이지만, 이들이 반드시 쌍둥이 불꽃인 것은 아니다.

를 만들어내는 조개와 같았다. 그 액체는 그녀가 과거 생에 있었던 실패들의 염증을 치유하고 껴안는 데 필요한 사랑이었고, 그것은 진주가 될 것이었다. 이 내적인 진주, 즉 연꽃 안의 보석을 느낄 수 있는 사람들은 그들 자신의 가슴을 치유할 수 있는 것이다.

제2장

미스터리한 여인의 출현

 펄은 고등학교 마지막 학년을 보내던 중 미스터리하게 등장한 한 권의 책으로 첫 번째 영적 가르침을 받게 되었다. 그녀는 운전을 배우기 시작했는데, 어느 날 그녀가 제때 클러치를 빼지 못해 차가 차고 뒤쪽을 들이받았다. 그녀는 손상된 곳이 있는지 보기 위해 차에서 내렸는데 머리 위, 서까래에 있는 책 한 권을 발견했다. 이사할 때 어떤 책도 가져오지 않았기 때문에 이것은 이상한 일이었다. 사다리를 타고 올라간 그녀는 크리스찬 라슨Christian Larson이 쓴 《당신의 힘과 그것의 사용법》(Your Forces and How to Use Them)이라는 책을 발견하고는 책장을 획획 넘겨 보다 다음과 같은 문장을 읽게 된다.

'I AM'은 인간에 내재해 있는 통치 원리(ruling principle)이며, 인간적 자아의 중심이자 근원이고, 인류에게 일어나는 모든 것의 근원자이므로, 인간의 근원적 본성에 있어 이 주된 것을 제외한 다른 모든 것들은 부차적인 것들이다.

그녀는 그 책을 집 안으로 가져와 읽으면서 그녀가 이미 스스로 깨달았던 것, 즉 인간 내면에는 'I AM'으로 알려진 현존이 있으며 인간이 이 힘과 의식에 접촉할 때 기적이 일어난다는 그녀 자신의 깨달음과 이 책의 내용이 서로 공명하고 있음을 발견했다. 그녀는 자신의 의식을 내면으로 향하면 미래를 보거나 사람들의 생각을 알 수 있고, 동물과도 소통할 수 있다는 것을 로키산맥의 어린 소녀였을 때부터 알고 있었다. 그녀는 날씨가 언제 변할지, 언제 농작물을 수확해야 하는지 알고 있었기 때문에 농부들이 종종 그녀와 상의하곤 했다. 그녀가 내면으로 의식을 향할 때면, 가슴의 중심에 있는 내적 현존이 반응하는 것을 느낄 수 있었다. 라슨이 말하길, 그 현존이 곧 하나님이라고 말했기 때문에, 그녀는 이 책에 대해 누구에게도 말하지 않고 이 내적 현존에 대해 명상하기 시작했다.

펄은 리버사이드 고등학교를 졸업한 다음 1924년에 로스앤젤레스로 이사했다. 그녀는 영적인 탐구를 지속하고 싶었지만, 생계를 꾸려야 했기 때문에 비서가 되기로 했고, 힐즈 비즈니스 칼리지에 입학했다. 그렇지만 수업이 끝나면 그녀는 로스앤젤레스 주립도서관에 가서 더 많은 영적 서적을 찾아보곤 했다. 어느 날, 서고를 살펴보고 있던 그녀에게 한 아름다운 여성이 다가와 그녀 옆 선반에 책을 올려놓았다. 그 여성은 책을 향해 고개를 끄덕이며 텔레파시로 "당신이 찾고 있던 책이 이것인 거 같은데요."라고 말했다.

책을 집어 들었을 때, 그녀는 이 책이 크리스찬 라슨이 쓴 또 다른 책이라는 것을 알게 되었다. 그녀는 그 책을 알려준 것에 대해 감사 인사를 하려고 했지만, 여성은 이미 사라지고 없었다. 그녀는 책을 펼쳐 다음의 문장을 읽었다.

> 우리가 내적 차원의 우주적 세계로의 빛나는(pearly) 문들에 들어설 때, 비록 그것이 일순간이었을지라도 삶은 더는 이전과 같지 않다. 삶은 이제 단순한 존재에 불과한 것이 아니라, 우리가 말로 표현할 수 없을 정도로 소중하고 신성한 어떤 것이 된다.
> 당신은 육신, 개체적 자아, 또는 인간의 마음으로서가 아니라 'I AM'으로 행동해야 하며 'I AM'의 고귀한 지위를 더 완전히 인식할수록, 당신이 가진 다른 모든 것들을 지배하고 지휘하는 이 권능이 보다 커지게 된다.*

---

* 《On the Heights》 크리스찬 D.라슨 지음

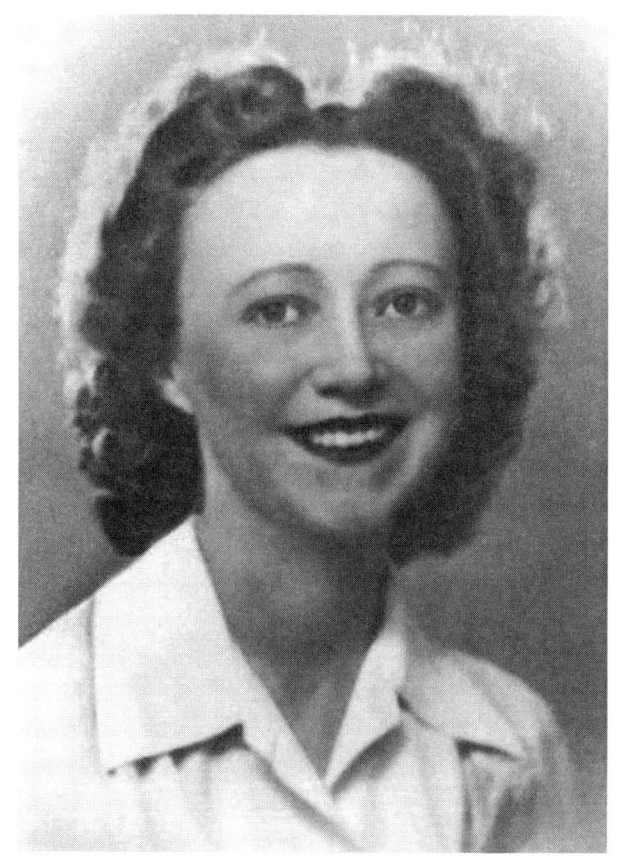

펄 도리스, 1925년경

첫 직업, 첫 남자

펄은 라슨의 책을 계속 읽으며 그의 가르침에 전념했다. 그녀의 의식이 내부로, 즉 가슴에 있는 신적 불꽃(God Flame)으로 점점 더 깊이 들어가고 있었던 1935년에 그녀는 비즈니스 대학을 졸업했다. 버스 요금을 내기도 빠듯했지만, 그녀는 일자리를 찾기 위해 샌프란시스코로 이사했다. 그녀는 샌프란시스코의 언덕들을 걸어서 오르내리며 여러 사무실을 방문했지만, 아무도 그녀를 고용해 주지 않았다. 갈수록 태산이라고, 그녀는 어떤 건물의 계단에서 발을 헛디뎌 엄지발가락까지 다치게 되었다. 절망에 빠진 그녀는 계단에 앉아 의식을 내면에 집중했다. 그녀는 자신의 상위 자아에 도움을 요청하는 기도를 드렸다.

친애하는 'I AM' 현존이여, 당신의 권능을 나타내 주세요!

절뚝거리며 거리로 나온 그녀는 자신이 병원 앞에 있다는 것을 발견하곤 이렇게 생각했다. '이 사람들이 비서를 구하지 않을까?'

그러나 병원의 사무를 보는 의사의 아내는 일할 사람이 필요 없다고 말했다. 펄이 나가려고 몸을 돌려 절뚝거리며 문을 향해 걸어가자, 그녀는 펄에게 어디 아픈 곳이 있는지 물었다. 펄이 그녀에게 상황을 설명하자, 그녀는 의사에게 진찰을 받는 게 어떻겠냐고 말했다.

"하지만 저는 돈이 한 푼도 없어요."라고 펄이 고백했다.

여자는 펄의 순진함에 감응하여 미소를 지으며 말했다. "그건 걱정하지 말아요."

곧 의사는 그녀의 발가락이 부러진 것을 보고 부목을 댔다. 하지만 펄이 너무나 힘겹게 걷는 것을 본 그들은 이렇게 말했다. "우리와 함께 우리 집으로 가는 게 낫겠어요. 집에 남는 방이 있거든요. 우리는 비서가 필요하진 않지만, 콜드크림을 파는 일을 부업으로 하고 있어요. 당신이 콜드크림을 병에 담는 일로 방값을 대신할 수 있을 거예요. 그렇게 하실래요?"

"아, 좋아요." 펄은 다음 식사를 해결할 돈도 없었기 때문에, 그들의 제안을 받아들였다. 그들의 제안은 마치 그녀의 기도에 대한 응답 같았다. 그녀는 발가락을 찧은(stubbing) 일이 그녀의 에고적 자아의 고집(stubbornness) 때문이며, 자신이 그동안 인간적 생각에 너무 많이 의지해 왔다는 사실을 보여주는 것이라고 느꼈다. 자신을 다치게 한 뒤에야 비로소 신성에 복종하게 되자, 그녀의 인생을 위한 더 높은 계획이 펼쳐졌다. 의사와 그의 아내는 그녀에게 친절하게 대해주었다. 그 일은 많은 시간을 빼앗지 않았고, 곧 그녀는 또 다른 직업인 F.W. Woolworth & Company의 타이피스트로 일하게 되었다.

어느 날 그녀의 직장 상사가 그녀를 자신의 사무실로 호출했고, 문을 닫으라고 말했다. 일에 대한 부담으로 고통받는 그를 본 펄은 그에게 사랑을 보내고 빛으로 그를 감싸주었다.

크리스찬 라슨의 책을 읽고 사랑이 이 우주를 지속하는(sustaining) 힘과 같은 힘이라는 것을 알게 된 그녀는 사랑을 모두에게 발산하려고 했다. 하지만 그 당시 그녀는 그 사랑이 자신에게 어떻게 돌아오게 될지 몰랐다.

상사는 그녀에게 자신의 옆에 앉아서 자신이 말하는 것을 속기로 받아쓰라고 했지만, 말을 시작한 지 얼마 되지 않아 그는 그녀의 무릎에 손을 얹었다. 그녀가 그의 손을 치우자 그는 또다시 손을 얹어놓았다. 결국, 그녀는 일어나 그에게 손가락질을 하며 말했다. "다신 나를 만지지 마세요."

자리로 돌아온 그녀는 자신이 사랑을 더 분별할 필요가 있으며, 때로는 그 사랑을 자신의 내면으로 거둬들이는 법을 배워야 한다는 사실을 깨달았다. 그리고 특히 남자들에게는 그 사랑이 종종 신성의 자연스러운 표현이라기보다는 성적으로 해석된다는 것을 깨닫게 되었다.

그렇지만, 그녀는 곧 모든 수준에서 그녀의 사랑을 표현할 수 있는 한 남자와 함께하기로 되어 있었다. 새로운 스케줄에 익숙해진 그녀는, 저녁에 댄스 수업을 나가기로 했다. 어느 날 밤 그녀는 시드니라는 한 젊은 남자와 서로 첫눈에 반했다. 그해 여름, 그들이 데이트하면서 유대감은 더욱 강해졌고, 서로가 운명이라고 느껴 곧 결혼했다. 러시안 리버로 신혼여행을 다녀 온 그들은 함께 살 아파트를 구했다. 시드니는 가족이 운영하는 채소 가게에서 일했고 펄은 F.W. Woolworth에서 계속 일했다. 마침내 그녀는 직업과 사랑하는 파트너를 가진, 평범한 인간으로서 정말로 지상에 자리를 잡았다고 느꼈다. 하지만 곧 마스터들이 그녀의 진정한 삶의 목적에 대한 그녀의 시야를 확장시킬 것이었다.

제4장

선행

대공황 시기의 거리에는 노숙자들이 많았고, 펄과 그녀의 친구는 무료 급식소에 채소를 배달하기 시작했다. 다른 사람들을 돕는 일이 자신을 위한 일보다 더 많은 기쁨을 준다는 것을 깨달은 그녀는 도움이 필요한 곳에서 자원봉사를 하며 더 많은 시간을 보내게 되었다. 때로는 그 봉사가 동물과 식물에까지 확대되었다.

어느 날 집으로 걸어가고 있을 때, 그녀는 보도의 틈새에서 자라고 있는 꽃을 발견했다. 꽃이 뿌리를 내리기에는 그곳의 흙이 너무 적었고, 자칫하면 짓밟힐 위험도 있었으므로 그녀는 그 식물이 거기에서 오래 살지 못할 것이라고 생각했다. 그녀는 다음 날 모종삽과 화분을 가지고 가서 식물을 화분에 옮겨 심었다. 그리고 화분을 집으로 가져와 햇볕이 잘 드는 창문 아래 책상에 올려놓았다. 그녀는 그 식물의 이름을 굿 디드Good Deed라고 지어주었다. 그녀는 매일 "사랑해, 굿 디드"라고 말하면서 물을 주었고, 식물은 튼튼하고 활기차게 잘 자랐다.

몇 주 후 그녀는 머리가 깨질 듯이 아파 겨우 일을 마치고 집으로 돌아왔다. 그녀는 두 팔로 머리를 감싸 안은 채 책상 위에 축 늘어져 있었다. 살아 있는 것보다 죽은 것 같은 기분으로 늘어져 있던 그때, 그녀는 점점 자신을 위로하는 에너지가 잇달아 쏟아지고 있음을 느꼈고, 기분이 한결 나아지기 시작했다. 마침내 그녀는 그 에너지가 어디서 온 건지 알아보기 위해 고개를 들었고, 그녀의 눈앞에는 굿 디드가 있었다. 그녀는 잠시 그것을 쳐다보며 믿을 수 없다는 듯 생각했다. '식물은 치유할 수 없어.'

그러나, 그녀는 식물에서 발산되는 사랑을 계속해서 느꼈다. 마침내 그녀가 물었다. "나를 치유한 게 너였니?"

"그래." 그녀는 식물이 대답하는 것을 내적으로 들었다. "나는 너에게 되돌아온 너 자신의 선행(Good Deed)이야."

제5장

세인트 저메인의 출현

펄이 명상을 막 마치고 침대에 앉아 닫힌 창밖 너머를 보고 있을 때, 창가에 하얀 비둘기가 나타났다. 그녀는 그 비둘기가 자신을 뚫어지게 쳐다보자 이렇게 생각했다. '이상한 일이군, 비둘기가 내게 뭘 원하는 거지?'

그녀의 의문에 대답이라도 하는 것처럼, 처음에는 보통 새라고 생각했던 그 비둘기가 닫힌 창문 유리를 통과해 방으로 날아 들어와 그녀의 어깨에 내려앉았다. 비둘기는 마치 그녀에게 뭔가를 속삭이고 싶은 듯, 그녀의 귓불을 쪼아대더니 이렇게 말했다. "당신은 한 부인을 만나게 될 것이고, 그녀가 당신에게 보여줄 중요한 걸 갖고 있을 거예요." 그러고는 비둘기는 이별의 키스처럼 그녀의 입술을 쪼아주고는 다시 창밖으로 날아갔다. 그날은 1935년 2월 20일이었고, 펄이 자신을 상위 자아의 의식 속으로 들어 올려 줄, 그리고 그녀의 임무를 준비시켜 줄 마스터를 만나기 직전이었다. 그가 비둘기를 메신저로 쓴 것은 그녀에게 "집중해!"라고 말하는 그만의 유쾌한 방식이었다.

이틀 후인 조지 워싱턴의 생일날, 유명한 언어치료사이자 형이상학 교사인 마벨 패링턴 기포드 Mabel Farrington Gifford가 펄이 샌프란시스코에 처음 왔을 때, 친구가 되어준 의사와 그의 아내를 방문하자고 초대했다. 그들이 차를 몰아 고속도로를 타고 북쪽으로 향할 때, 펄은 차 뒷좌석에 혼자 앉아 있었는데, 갑자기 이전에 나타났던 비둘기가 닫힌 차 유리창을 뚫고 들어와 펄의 볼을 다시 쪼아댔다.

"이 사람이 말했던 그 부인이에요!" 비둘기는 이렇게 말하고 나서 사라져 버렸다.

그 순간 기포드 부인이 몸을 돌려 그녀에게 미소를 지었다. 그들이 의사 부부의 별장에 도착했을 때, 기포드 부인이 말했다. "펄, 당신에게 보여줄 게 있어요." 그녀는 펄에게 식탁에 앉으라고 권했고 아름다운 초록색 책 한 권을 그녀 앞에 내놓았다. 금박 처리된 책의 제목은 《베일 벗은 미스터리》였다. 그녀가 책을 펴자 상승 마스터 세인트 저메인의 그림이 있는 페이지가 펼쳐졌고, 그녀는 충격을 받았다.

"이런, 저는 이분을 알아요!" 그녀는 말도 제대로 하지 못했다.

"그건 불가능해요. 펄." 기포드 부인이 말했다. "그분은 이미 1,700년대에 죽은 사람이거든요."

"하지만 전 알아요, 이분을 안다고요!" 펄이 고집했다. 그림을 다시 보자 세인트 저메인의 얼굴이 마치 되살아난 것처럼 그 페이지에서 튀어나왔고, 그는 그녀에게 윙크했다. 그녀는 내면으로 말하는 소리를 들었다. "아무 말도 하지 마. 우리가 함께할 과업이 이제 막 시작되려 하고 있어. 우리는 곧 다시 만나게 될 거야." 그로부터 얼마 지나지 않아 《베일 벗은 미스터리》의 저자인 가이 발라드Guy Ballard가 샌프란시스코에 와서 가르침을 전해주었다. 그는 갓프리 레이 킹Godfre Ray King이라는 필명으로 잘 알려져 있었으며, 세인트 저메인 재단의 창립자였다. 그를 만나고 싶어 했던 펄과 시드니는 강연회에 찾아갔다. 그들이 들어서자마자 두 여성이 펄에게 다가와 말했다, "오, 세상에, 당신은 천사 같군요. 당신은 우리가 빛을 전하기 위해 찾던 그런 부류의 젊은이 같아요. 이 책자 나눠주는 걸 도와 주실래요?"

항상 봉사할 방법을 찾고 있던 그녀는 기꺼이 책자 한 무더기를 들고 사람들이 들어오는 대로 나누어주기 시작했다. 이내 갓프리가 무대에 올랐고, 그가 이야기를 시작하자 강력한 에너지와 의식이 강연장을 가득 채웠다. 그녀는 그 순간 이 사람이 자신의 스승이라는 것을 알아차렸다. 비록 그의 말은 단순함의 정수였지만, 그녀가 경험해 보지 못했던 힘을 가지고 있었다.

그의 메시지는 다음과 같았다. 당신이 집중하는 것은 곧 당신이 된다. 당신이 빛에 집중하면 당신은 빛이 되며, 당신이 사랑에 집중하면 당신은 사랑이 된다. 당신의 생각, 말, 감정을 통해 당신의 집중을 안내하고, 'I AM'의 명령으로 당신은 자신의 내재한 신성 의식을 불러내서 당신이 생각하는 무엇이든지 이루어지게 한다. 생각과 감정이 합쳐지면 확언했던 말들이 현실로 드러난다. 같은 방식으로, 단순히 마스터에 대해 깊이 생각하면서 "나는 마스터의 현현이다."라고 말하는 것만으로도 위대한 마스터를 불러낼 수 있다.

그날 밤 아파트로 돌아온 그녀는 갓프리가 가르쳤던 것을 시도해 보고 싶은 마음에 마스터를 불러보기로 했다. 거실 한가운데에 서서, 두 팔을 뻗은 채 그녀가 말했다.

나는 예수 그리스도의 현현입니다!

그러자 갑자기 살아 숨 쉬고 있는 듯한, 한 남자가 두 팔을 펼친 채 그녀 앞에 서 있었다. 겁에 질린 펄은 침실로 뛰어 들어가 문을 잠갔다. 그녀는 세인트 저메인 재단에서 만났던 부인에게 전화를 걸어 애원했다. "내 아파트에 어떤 남자가 있어요!"

"그가 어떻게 들어왔다는 거죠?" 그녀가 회의적으로 물었다.

펄이 자신이 했던 일을 그녀에게 설명하자 그녀가 말했다. "그가 아직 그곳에 있는지 보고 와요. 1분 안에 당신이 돌아오지 않으면 경찰을 부르겠어요."

펄은 집안 전체를 확인했지만, 그 사람은 사라지고 없었다. 그때 그녀는 의식의 집중이 지닌 힘이 무언가를 현현시킨다는 것을 깨달은 동시에, 자신에게는 마스터들과 함께 일하기 전에 먼저 치유되어야 할 두려움이 많다는 것 역시 깨닫게 되었다.

수십 년 후 샤스타에서, 마스터가 어떻게 그들에게 나타났고 자신이 얼마나 두려움에 휩싸였는지에 대한 사람들의 이야기를 듣고 있던 그녀는 미소를 지었다. "그들이 자주 나타나지 않는 이유가 바로 그거예요." 그녀가 말했다. "대부분 사람은 마스터의 에너지를 받아들일 준비가 되어 있지 않죠. 그들의 출현은 우리의 의식적 세계의 모든 것들을 증폭시키기 때문에, 당신이 그들의 현존 안에 있으려면 먼저 당신 자신을 정화해야 합니다."

제6장

상승 마스터를 경험하다

한번은 펄이 갓프리가 말을 할 때 방 안에 가득 찬 상승 마스터들의 에너지를 느낀 적이 있었다. 그녀는 그들의 실재를 강하게 확신하고 있었고, 할 수 있는 한 그 활동의 일부가 되고 싶었다. 그녀는 발라드 부부와 만났던 첫날부터 그들의 즉각적인 관심을 끌었는데, 그녀에게서 어린아이처럼 순수한 에너지가 발산되고 있었기 때문이었다. 그녀는 그들과 한 가족처럼 지내게 되었고, 기회가 있을 때마다 갓프리의 가르침을 체계화하고 그것을 전하는 것을 돕기 시작했다.

갓프리의 가르침은 단순히 특정한 존재가 준다고 생각되는 메시지를 누군가가 전하는, 그런 영감을 주는 채널링이 아니었다. 그것은 여러 상승한 존재들이 에너지적으로 갓프리와의 영통靈通을 통해 실제 등장하는 것이었다. 갓프리 자신도 어떤 마스터가 나타날지 몰랐다. 청중에게 연설할 시간이 다가오면 그는 특정 마스터의 에너지를 느끼기 시작했고, 이 에너지는 그가 연설을 시작하면서 점점 증폭되었다. 그리고 마스터는 서로가 의식 속에서 하나가 될 때까지 갓프리의 마음속에 자신의 마음을 통합하기 시작했다. 또, 이와 동시에 갓프리와 마스터는 그들의 의식을, 참석한 모든 이들의 상위 멘탈체에 강력하게 충전시켰다. 그들의 메시지는 단순했지만, 방 안을 가득 채운 그 영적 광휘는 그곳의 모든 사람을 상승 마스터의 의식으로 고양하는 초월적인 감화력을 지니고 있었다.

  마스터 마이티 빅토리Mighty Victory의 연설이 있던 어느 날 밤, 모두가 강당을 떠났고 펄은 뒷정리하기 위해 뒤에 남아 있었다. 그녀는 그 에너지가 어디서 나온 것인지 이해하려고 애쓰고 있었다. 갓프리에게서 나온 것일까? 아니면 마스터에게서? 주변에 아무도 없는 것을 확인한 그녀는 무대에 올라가 이를 시험해 보기로 했다. 그녀는 계단을 오른 후 갓프리가 마이크 앞에 서 있던 바로 그 장소를 향해 무대 위를 걸어갔고, 갓프리가 확언했던 대로 따라 했다.*

---

* 확언과 디크리Decree는 같은 뜻으로 쓰이지만, 디크리는 대개 에너지와 더 관련이 있다.

나는 마이티 빅토리의 현현입니다!

　그러자 한 줄기 섬광이 그녀를 관통했고, 그녀는 무대 뒤 커튼 쪽으로 쓰러졌다. 그 장소에 여전히 충만해 있던 빅토리의 에너지가 펄의 명령에 따라 방출된 것이었다. 그제야 그녀는 이러한 마스터들이 갓프리 상상의 일부도 아니고, 대기 중에 떠다니는 아스트랄계의 존재도 아니라 엄청난 권능을 가진 실제 존재들이라는 것을 이해하게 되었다. 후에 펄은 빅토리가 많은 생애를 지구상에서 살았고, 절대 패배를 몰랐던 존재였으며, 이제 빅토리가 타인을 위하여 진심으로 노력하는 이들을 도울 힘이 있다는 사실을 배웠을 때, 그녀는 이를 의심하지 않고 받아들일 수 있었다.

　그녀는 이제 마스터들이 자신의 이름을 듣고 금방 그들의 권능 안에서 나타날 준비가 되어 있다는 것을 알았기 때문에 다시는 마스터의 이름을 가볍게 부르지 않았다. 누구든 단지 자신의 가슴을 향해서 그들의 도움을 요청하는 내적 선언만 내리면 되는 것이었다. 얼마 지나지 않아 그녀는 마스터가 직접 행동하도록 요청할 기회가 있었다.

　펄은 기어리가에 있는 자신의 아파트로 돌아가기 위해 밤거리를 걷고 있었다. 그때 자동차 한 대가 그녀 옆에서 끼익 소리를 내며 멈춰 섰다. 사악해 보이는 두 남자가 창밖으로 그녀를 훔쳐보았고, 그녀는 순간 섬뜩함을 느꼈다. 당시 도시에서는 수많은 납치사건이 일어나 많은 젊은 여성들이 사라졌었다.

그녀가 느낀 두려움은 운전석에 있던 사람이 다른 남자에게 "그 여자를 잡아!"라고 말하는 것을 듣는 순간 확실해졌다. 자동차의 문이 열리고 면도도 하지 않은 한 남자가 그녀 쪽으로 비틀거리며 다가오자 그녀가 소리쳤다. "세인트 저메인, 나타나세요!"

그러자 갑자기 그 남자는 자리에 멈춰 섰고, 재빨리 다시 차에 탔다. 펄이 뒤를 돌아보자, 그녀 뒤에는 키가 크고 체격이 좋은 경찰관이 서 있었다.

"제길, 경찰이야!" 운전석에 앉은 남자가 소리쳤다. 차는 끽끽 소리를 내며 타이어 연기 속으로 사라져 버렸다.

"아, 딱 맞춰 오셨어요." 펄이 침착함을 되찾으며 말했다. "저 남자들은 나쁜 의도가 있었던 것 같아요. 집까지 바래다주시면 고맙겠어요."

잘생긴 경찰관이 웃으며 말했다. "걱정하지 마세요. 그들은 다시 돌아오지 않을 거예요."

"하지만, 저는 다음 블록에 사는걸요."

"제가 말했죠. 그들은 다시 돌아오지 않을 거라고요." 그가 단호하게 말했다. "이제 괜찮을 거예요."

그녀는 '음, 이 사람은 별로 도와주고 싶지 않나 보네.'라고 생각하며 다시 집을 향해 돌아섰다. 하지만 그녀에게 또다시 두려움이 밀려와서 그녀는 다시금 경찰에게 동행을 요청하려 뒤로 돌아섰는데, 거리는 텅 비어 있었다. 그가 사라져 버린 것이다. "이상한 일이군." 그녀는 생각했고, 곧 집에 무사히 도착할 수 있었다.

이후 그녀가 세인트 저메인 재단의 직원으로 있을 때, 그녀는 갓프리에게 마스터들이 그에게 했던 것처럼 자신을 도와준 적이 없다고 불평했다. 그러자 갑자기 그녀의 내적인 시야가 트이면서 세인트 저메인이 그녀를 향해 웃으며 즐거워하는 얼굴을 보게 되었다. 그가 말했다. "기어리가에서의 그날 밤처럼 말이야, 펄?" 그런 다음 그는 자신이 그녀를 도와줬지만, 그녀가 미처 눈치채지 못했던 다른 두 번의 경우를 더 짚어주었다.

제7장

도시와 다리를 지켜내다

펄은 겉으로 드러나는 인간적인 책무를 지키기 이전에, 자신의 가슴속에 있는 내면의 느낌에 순종하는 법을 점차 배워나갔다. 어느 날 펄과 다른 두 명의 I AM 학생들이 성소에서 열리는 갓프리의 중요한 수업을 듣기 위해 출발하려던 차에, 세 명 모두 반대 방향으로 가고 싶은 강한 충동을 느꼈다. 그들은 그 내면의 느낌을 계속 따라갔고, 결국 샌프란시스코의 서쪽 끝에 와있는 자신을 발견했다. 그들은 수트로 배스와 태평양이 내려다 보이는 곳 위에 서 있었다. 도시를 향해 밀려오는 검은 구름이 하늘을 새까맣게 물들이며 석양을 가리고 있었다. 펄은 곧 재앙이 불어 닥칠 것만 같은 불길한 예감을 느꼈고, 그녀와 그녀의 친구들은 마스터들이 직접 행동하도록 요청했다. 그들은 곧에 선 채로 다음과 같이 선언했다.

> 장대한 I AM 현존과 위대한 상승 마스터들의 주님이시여,
> 지금 나오셔서 이 어두운 힘을 녹이고 불태워 주세요!
> 미카엘 대천사님과 푸른 불꽃의 군단이시여,
> 지금 이 상황 모두를 당신의 푸른 번개로 불태워 주세요!
> 세인트 저메인이시여, 나오셔서 강렬한 바이올렛 불꽃의
> 권능으로 지금 모든 부정적인 에너지를 녹여 버리세요!

조화 속에 거하면서 내면의 신성 현존에 집중한 채, 그들은 다른 마스터들에게도 행동에 옮기도록 요청했고, 30분 만에 구름이 걷히면서 다가올 파멸에 대한 두려움도 사라지게 되었다. 그들은 안도감을 느끼며 이제 시내를 가로질러 수업이 시작된 파월가 133번지에 있는 I AM 성소로 향했다. 그들은 진행 중인 강의를 방해하고 싶지 않았으므로 조용히 청중석으로 들어갔다. 하지만 그 순간 갓프리는 그들을 바라보면서 말했다. "세인트 저메인께서는 재앙을 방지하고 이 도시를 심각한 참사로부터 지켜준 이 학생들에게 감사를 전하고 싶어 하십니다. 전능한 신성 현존에 대한 여러분들의 완전한 복종에 감사드립니다!"

1937년 펄은 뉴욕의 상류사회에 속한 한 여성인 메리 프랜신 왓슨 박사를 만났는데, 많은 I AM 학생들이 그녀를 무시했다. 그들은 그녀의 우아한 옷과 세련된 매너 때문에 그녀가 마스터들과 가까워질 수 없다고 느꼈다. 그렇지만 펄은 그녀에게서 내적 순수함을 느꼈기 때문에, 외모는 별로 중요하지 않았다.

어느 날 왓슨은 펄을 그녀의 아파트로 데리고 가서 세인트 저메인이 자신에게 준 한 움큼의 노란색 다이아몬드 원석들을 보여주었다. 옐로우스톤이라는 이름도 이 지역에서 나오는 이런 다이아몬드들 때문에 붙여진 것이었다. 세인트 저메인은 비록 이 원석들이 보석으로 세공된 것들은 아니지만 어떤 특정한 영적 파동을 방사하고 있고, 마스터들은 이 에너지의 증폭을 통해서 그녀에게 이 다이아몬드 원석을 놓아두라고 지시한 곳이라면 어디든 그들의 축복을 전해줄 수 있다고 펄에게 설명했다. 그리고 세인트 저메인은 왓슨에게 I AM 학생 중 펄에게만 그 원석들을 주어 그 당시에 건설 중이던 금문교의 맨 아래 지대로 가져가라고 일러주었다. 당시에는 수많은 사고와 사망 사건들이 금문교 공사를 지연시키고 있었는데, 마스터는 그 장소에 갇혀 있던 이전 문명의 파괴적인 에너지가 여전히 그 장소에 그대로 있어 이런 위험한 상황이 만들어진 것이라고 알려주었다.

왓슨은 다이아몬드 원석의 절반을 펄의 손에 건네주었고, 마침내 그들이 금문교의 포트 포인트Fort Point에 서 있을 때, 천사들과 상승 마스터들의 위대한 상승 영단이 이 낮은 차원으로 내려와 노란색 다이아몬드를 통해 빛의 광선을 쏘았고, 그 빛은 지구의 아스트랄계로 내려갔다. 그 힘에 거의 압도된 펄은 육신 안에 계속 남아 있기 위해 애써야만 했다. 그녀는 그 장소의 아스트랄계에 갇혀 있었던 많은 육신 없는 존재들이 해방되고 있는 것을 내면의 눈으로 볼 수 있었다. 많은 다리 건설 노동자들을 공사 현장에서 추락해 죽음으로 몰아넣었던 것이 바로 그 존재들이었다. 이러한 두 여성의 봉사 이후에는 더는 부정적인 상황들이 생기지 않았고, 교량 건설이 더욱 안전하게 진행될 수 있었다.

그리고 얼마 되지 않아 왓슨 박사는 미국을 떠났다. 그녀는 세인트 저메인의 지시에 따라 노란색 다이아몬드 원석들을 남아메리카로 가져갔다. 그는 안데스산맥의 특정 터널 안에 그 원석들을 놓아두라고 지시했다. 그곳 역시 이전 문명의 육신을 가지지 않은 존재들이 갇혀 있던 곳이었다. 그는 그녀에게 다이아몬드 원석을 그곳에 두고 떠나라고 말했는데, 이렇게 함으로써 아스트랄 존재들이 제거되고, 그 후 마스터들이 이 치유의 에너지를 지하세계로 계속 내려보낼 수 있게 되었다.

제8장

마스터의 요청

갓프리는 펄이 마스터들의 안내를 받고 있다는 사실을 깨닫고, 곧 그녀에게 세인트 저메인 재단을 이끄는 그의 보좌진 중 하나가 되어달라고 이야기했다. 펄의 서른세 번째 생일 직후인, 1938년의 어느 날 갓프리는 세인트 저메인이 받아쓰도록 했던 편지를 펄에게 건네주었다. 편지에는 그녀가 샌프란시스코의 I AM 성소를 이끄는 수장이 되어주었으면 좋겠다고 적혀 있었다. 세인트 저메인은 그녀가 얼마나 수줍어하는지, 그리고 그녀가 이런 권위 있는 자리를 받아들이는 데 얼마나 강한 저항을 가졌는지 알고 있었기 때문에 이런 직접적인 요청을 할 필요가 있다고 느꼈다. 장미십자회, 신지학회 등과 오랜 인연을 맺고 있던 회원 대부분보다 나이가 어렸던 그녀는 아무도 자신을 진지하게 받아들이지 않을 것으로 생각했다. 또한 그녀의 청력 장애는 여전히 다른 사람들과의 관계에서 오해를 불러일으켰다. 그래서 그녀는 갓프리에게 그 제안을 받아들일 수 없다고 말했다.

밤새 고민한 끝에, 그녀는 세인트 저메인의 요청을 거절할 수 없다는 것을 깨달았다. 특히 갓프리가 세인트 저메인의 요청을 받아쓰는 수고를 겪었기 때문에, 그녀는 그에게 자신을 필요로 하는 일이라면 어떤 식으로든 돕겠다고 말했다. 시간 대부분이 이 새로운 직무에 쓰이게 되었으므로 그녀는 다니던 직장인 F. W. Woolworth & Company에서 퇴사했다. 자신과 시드니가 집세를 어떻게 댈지는 아무 대책도 세우지 않은 채로 말이다. 시드니의 채소 가게 일만으로는 돈을 많이 벌지 못했기 때문에, 그들의 재정적 상태는 위태로웠다. 그러나 부유한 I AM 학생 중 일부가 그들이 처한 상황을 점차 알게 되면서, 펄의 봉사를 지원하기 위한 기부를 하기 시작했다.

어느 날 사무실 책상에 앉아 일하고 있던 그녀에게, 낯선 사람이 들어와 I AM의 가르침에 관해 묻기 시작했다. 그는 성소를 볼 수 있느냐고 물었는데, 학생이 아닌 사람은 보통 그것이 허용되지 않았지만, 그에게는 기꺼이 보여주겠노라고 그녀가 말했다. 그곳은 우아한 순백색의 방이었는데, 양쪽에는 예수와 세인트 저메인의 큰 그림이 걸려 있었고 가운데에는 불멸의 불꽃(Unfed Flame)의 초점이 되는 크리스털 화병이 놓여 있었다.*

"그 불멸의 불꽃이란 게 뭐죠?" 그가 그녀의 눈을 뚫어지게 쳐다보며 물었다.

"그것은 모든 사람의 가슴에 닻을 내리고 있는, I AM 현존으로부터 오는 빛의 초점을 상징합니다. 우리는 각자 자신의 불멸의 불꽃에 의해 살아갑니다."

"그런데 그걸 정말로 믿으세요?" 그가 날카롭게 물었다.

"아, 그럼요. 믿어요."

그러자 그가 온화하면서도 대단한 권능을 지닌 목소리로 말했다. "당신이 자신의 에너지를 낮은 에너지 센터들에서 이 가슴 센터로 끌어올린다면, 그때부터 당신 자신이 온전한 '불멸의 불꽃'이 될 것이며, 그런 후에야 당신의 진정한 사명이 시작될 것입니다."

그는 시간을 내어준 그녀에게 고맙다는 인사를 정중하게 한 다음, 문으로 걸어가 계단을 내려갔다. 펄은 사무실로 다시 돌아가 책상에 앉았다. '이상한 일이군.' 그녀는 생각했다. '왜 그는 영성에 대해 아무것도 모르는 체하다가, 갑자기 내가 무엇

---

* 불멸의 불꽃은 흉선 근처, 가슴의 중심에 있는 신적 자아의 초점이며 생명을 유지해 준다. 이전의 황금시대에는 위대한 마스터들에 의해 사원에 외적인 불꽃이 세워졌는데, 이는 내면의 불꽃을 상기시키고, 사회에 축복을 내리기 위해서였다. 영적인 불꽃은 신전, 집 혹은 다른 장소에서 어느 누구라도 불러올 수 있었다.

을 해야 하는지 안다는 식으로 굴었을까?' 그녀는 그의 말이 약간 무례하다고 생각했다. 그 순간 그녀는 오직 한 가지 원천에서만 나올 수 있는 유쾌한 에너지가 솟구치는 것을 느꼈고, 그 낯선 이가 단순히 평범한 호기심에 우연히 들어온 사람이 아니라 마스터 세인트 저메인이었다는 사실을 깨달았다.

그가 한 말의 의미에 대해 깊이 생각해 본 그녀는 시드니와의 성관계에 에너지를 낭비하기보다는 그들의 에너지를 고양할 필요가 있다는 것을 깨달았다. 시드니는 그것을 거부했지만, 점점 그들의 성관계는 뜸해져 갔다. 몇 세대가 더 지난 시점이었다면 그들은 생명력을 억제하기보다는 보존하는 방법에 대해 탄트라적인 가르침을 받을 수도 있었을 것이다. 그러나 1930년대에 그런 회춘법을 가르칠 수 있었던 자격 있는 스승들은 아마도 오직 중국, 인도, 티베트에만 있었을 것이다.*

---

* 탄트라Tantra는 산스크리트어로 의식의 '망'이라는 뜻이다. 탄트라는 현상된 세상 속에서 실재의 초월적인 본질을 깨닫기 위해 명상, 의식(ritual), 심상화를 사용하는 과학이다. 따라서 관계를 포함한 일상적인 삶의 모든 측면은 미망으로부터 해탈하기 위한 영적 도구로 사용될 수 있다. 고대 불교 탄트라 수행자들과 중국 도교 신자들은 성 에너지를 보존하고 그것을 영적으로 변환하기 위한 다양한 방법을 수련했었다.

제9장

사랑하는 마마의 분노를 사다

갓프리와 그의 부인 로터스는 펄을 세인트 저메인 재단의 '가족'으로서 진심으로 맞이해 주었다. 그러나 펄은 모두가 '사랑하는 마마mama'라고 부르는 로터스 부인이 갓프리와 펄의 친밀한 영적 관계를 몹시 질투하고 싫어한다는 사실을 느끼기 시작했다. 그녀는 그 적개심을 애써 무시하며 그 두 '메신저'들이 절대적으로 옳다고 계속 믿고 있었지만, 더는 무시할 수만은 없는 일들이 일어났다.

펄은 어머니에게 바느질하는 법을 배웠고, 자신의 모든 옷을 직접 만들어 입었다. 어느 날 펄은 에메랄드색의 원단을 사서 멋진 망토로 만들었다. 며칠 후, 새 망토를 자랑스럽게 입고 청중석의 맨 앞줄에 앉아 있었다. 잠시 후 로터스 부인이 무대에 올랐는데 펄이 입은 망토를 보고, 그녀의 눈은 불쾌감으로 번뜩였다. 그리고 다음 날 공지가 내려졌다. '세인트 저메인 파운데이션 학생들은 망토 입는 것을 금지한다.'

하지만 일주일 후에 로터스 부인은 펄의 것과 비슷한 망토를 걸치고 무대에 등장했다. 이것은 로터스 부인이 학생들의 삶을 통제했던 많은 사례들 중 첫 번째 예였다. 실제로 그녀는 이후에 학생들에게 매일 어떤 색의 옷을 입어야 하는지 지시하고 수영과 영화 관람을 금지하기까지 했다.

망토 사건 직후에, 펄은 '마스터와의 아침 식사'라는 연회가 있다는 것을 알게 되었는데, 이 연회에는 세인트 저메인도 초대되어 있었다. 연회는 노브 힐과 I AM 성소 사이에 있는 우아한 샌프란시스코 드레이크 호텔에서 열릴 예정이었고, 그곳에 입장하려면 초청을 받아야만 했다. 하지만 펄은 이 연회의 초대장을 받지 못했고, 300장의 초대장 중 자신의 초대장이 틀림없이 분실되었을 것으로 생각했다. 그러나 펄은 로터스 부인의 직원들로부터 모든 일이 완벽하게 처리되었으며 로터스 부인이 직접 손님 명단을 처리했다는 말을 듣게 되었다. 그녀는 충격을 받은 채로 손님들이 속속 도착하기 시작하는 연회 날 아침, 호텔 로비에 앉아 있었다. 사람들은 테이블에 세인트 저메인을 위한 상석을 마련했고, 비록 그가 육체적인 형체로 참석

할지는 확신할 수 없었지만, 최소한 상위 형체로는 참석할 것이라고 믿고 있었다.

여전히 희망을 버리지 않은 펄은 친구에게 자신을 위해 따로 마련된 초대장이 없는지 확인해 달라고 부탁했지만, 그런 초대장은 없었다. 절망에 빠진 그녀는 혹여나 초대장을 받을 것을 대비해서 연회장 밖에 있는 작은 책상에 앉아 있었다. 하지만 아침 식사는 시작되었고, 그녀는 연회에 참여한 모든 이들에게 음식이 제공되면서 접시가 달각거리는 소리를 들을 수 있었다. 그다음 마스터를 향해 기도하는 소리가 들려왔다.

"세인트 저메인!" 펄은 속으로 간청했다. "제가 뭘 잘못했나요? 지금 당장 사람을 보내셔서 어디가 잘못됐는지 설명해 주세요."

그러자 그녀의 기도에 응답하듯 연회장의 이중문이 열리면서 갓프리가 나타났다. 그는 그녀에게 곧장 다가와 테이블 맞은편에 앉았다. 그리고 몸을 기울여 그녀의 눈을 들여다보고는 그녀의 두 손을 잡으며 말했다. "얘야, 너는 이미 소중한 것을 가지고 있단다. 절대 그걸 잃어버리지 마라."

사랑의 충만함이 그들 사이의 공간을 가득 채웠다. 그는 일어나 사과하듯이 말했다. "내가 사라진 것을 마마가 알기 전에 얼른 가야겠구나. 얘야, 너를 축복하마."

갓프리가 사라지자 펄은 실제로 잘못된 것은 아무것도 없었다고 느꼈다. 그녀는 아침 식사에 참석한 것보다 더 큰 축복을 받았으며, 활활 타오르는 하나님의 불꽃을 가슴속에 안고 그 자리를 떠날 수 있었다.

1930년대의 갓프리와 로터스

제10장

쌍둥이 광선과 만남

펄은 비행 수업을 받고 있었다. 그녀는 인간의 생각과 감정들로 이루어진 아스트랄계가 지상으로부터 2.5km 이하로 뻗어 있으며, 그 고도를 넘어서면 마음을 고요히 하는 일이 훨씬 쉽다는 것을 발견했다. 이러한 사실은 많은 요기가 높은 산에서 사는 이유 중 하나이기도 했다. 이를 통해 그녀는 자신의 상위 멘탈체 내에서 의식적으로 여행하는 것이 가능해졌다.* 그녀는 갓프리의 아들 도널드와 함께 비행하곤 했는데, 도널드는

---

* 모든 개인의 생명 흐름은 존재의 다른 차원에 있는 몸체들을 가지고 있으며, 모두 신적 자아의 동일한 빛인 실버 코드Silver Cord에 의해 생명력을 얻는다. 이 몸체들은 불교에서 인간으로 화신한 몸인 니르마나카야Nirmanakaya, 완전한 능력의 몸인 삼보가카야Sambhogakaya, 그리고 모나드Monad 혹은 I AM 현존인 진리의 몸 다르마카야Dharmakaya로 불린다.

모험적인 걸 아주 좋아했다.*

  1939년 어느 날, 그녀는 자신의 상위 멘탈체 내에서 의식적으로 여행하는 이 능력이 향상되는 경험을 했다. 그녀는 영문도 모른 채 라디오 방송국 통제실에 서 있는 자신을 발견했다. 그곳에서는 칼을 든 두 남자가 아나운서를 향해 다가가고 있었는데, 그녀는 아나운서에게 강력한 보호가 필요하다는 걸 느꼈다. 한 남자가 아나운서에게 말했다. "파업 훼방꾼(strike-breaker)이 되는 법을 가르쳐 주겠어!"

  그러나 그들은 갑자기 그곳에 펄이 서 있는 것을 목격했고 "저 여자는 어디서 나타난 거지? 어서 여기서 나가자."라고 말하면서 뒷문으로 뛰쳐나가 버렸다. 그 후 펄은 다시 그녀의 육체로 돌아왔다. 곧 알게 될 것 같긴 했지만, 그녀는 그 극적인 사건이 어디서 일어난 것인지 알 수 없었다.

  얼마 지나지 않아, 갓프리는 펄에게 필라델피아에서 진행될 수업에 참석해 달라고 부탁했다. 그녀는 "기꺼이요."라고 말했지만 내심 그 경비를 어디서 구해야 할지 걱정되었다. 펄은 세인트 저메인에게 기도했고, 곧 비행기 표와 적당한 의상을 살 돈을 I AM 학생들이 내주면서 그 기도에 대한 응답을 받았다. 그녀는 필요한 모든 것을 가지고 있는 듯했다. 핸드백만 **빼면**

---

* 도널드 발라드는 1957년 I AM 활동(I AM Activity)에서 물러났다. 그는 세인트 저메인 재단에 대한 신랄한 비판을 썼으나, 이 원고를 출판하기 전에 재단의 밀사들이 파견되어 원고를 파괴한 것으로 알려졌다.

말이다. 하지만 펄을 공항까지 태워준 한 여성이 펄의 새 드레스에 완벽하게 어울리는 우아한 핸드백을 선물해 주었다. 터미널에 들어선 펄은 낡은 핸드백에 들어있는 물건들을 옮기려 새 핸드백을 열었는데, 거기에는 돈이 가득 들어있었다.

그것은 그녀가 필라델피아에 도착했을 때 필요해질 돈이었다. 수업 장소가 필라델피아에서 워싱턴 DC로 바뀌어서 즉시 기차를 타고 이동해야 했기 때문이다. 그녀는 백악관에서 한 블록밖에 떨어져 있지 않은, 15번가의 워싱턴 호텔에 도착했다. 그녀는 프런트에 방을 달라고 했는데, 이미 갓프리의 방과 가까운 방이 예약되어 있었고 비용도 계산되어 있었다.

수업이 시작되자 펄은 맨 앞줄에 자리를 잡았다. 수업에서는 미니애폴리스 출신의 전 라디오 아나운서, 밥 르페브르가 갓프리를 소개할 예정이었는데, 그는 당시 갓프리의 보좌진으로 활동하고 있었다. 그가 무대에 섰을 때, 펄은 비전속에서 자신이 목숨을 구한 라디오 방송국의 남자가 그 사람이었다는 사실을 깨닫고 충격을 받았다. 그는 이야기를 시작하면서 "이런 I AM 의 가르침들은 위대한 가치를 지닌 진주(a Pearl of Great Price)와 같습니다."라고 말했고, 그녀를 똑바로 바라보았다. 그 순간 한 줄기 빛이 그들의 가슴을 하나로 이어주었고, 펄은 그들이 함께해야 할 일이 있다는 것을 깨닫게 되었다. 그것이 무슨 일인지는 전혀 몰랐지만 말이다. 이내 그녀는 밥이 기혼자라는 것을 알게 되었고, 그녀 역시 시드니와 결혼한 상태였다.

다음 날 갓프리는 펄과 밥을 초대해서 조지 워싱턴이 살았던 집과 그의 묘지가 있는 버논산을 함께 방문했다. 갓프리는 이전에 조지 워싱턴이 자신의 전생이었다고 말한 바 있었다. 세 사람이 대리석 석관을 바라보며 서 있던 그 순간, 마스터들은 이들에게 에너지를 쏟아부어 주었다. 이것은 갓프리가 조지 워싱턴의 환생임을 드러내 주었을 뿐만 아니라, 갓프리를 상위 의식으로 끌어올려 준 일이었다. 그 에너지의 힘이 너무 강력했으므로, 펄은 그것을 버텨내기 위해 벽을 붙들고 있어야만 했다. 갓프리가 돌아섰을 때, 펄은 그때까지 본 적이 없는 빛이 그에게서 비치는 것을 보았고, 그 순간 그가 곧 상승할 것임을 알게 되었다. 인정의 표시로 갓프리는 고개를 끄덕이며 말했다. "로터스 부인에게는 말하지 말아라."

그는 펄과 밥이 쌍둥이 광선이라는 것을 알려주었다. 또, 마스터들이 특별한 일을 위해 그 둘을 만나게 했으며 자신도 그 둘이 함께 일해주기를 바란다고 덧붙였다. 펄과 밥은 의혹과 험담을 방지하기 위해 그 누구에게도 그들의 관계를 드러내지 말라는 말을 들었다. 이것은 대백색 형제단(Great White Brotherhood)의 신조 중 하나이기도 했다.

알라, 도전하라, 행하라, 그리고 침묵하라! (To know, to dare, to

do, and to be silent!)

그날 밤, 워싱턴에 와있던 I AM 활동(I AM Activity)의 모든 직원이 갓프리의 스위트룸에 모였다. 그들은 마스터들을 부른 뒤 위대한 I AM 현존의 명상을 하며 앉아 있었다. 그들이 조화 속에 앉아 있던 그때, 그들의 친애하는 세인트 저메인이 육체적인 몸으로 공기 중에서 나타나 따뜻한 온기와 우정으로 그들에게 인사했다. 눈부신 빛이나 천사들의 합창은 없었다. 그는 그저 인류를 도우려는 진실한 열망과 함께 소박한 존재로서 나타났다. 세인트 저메인은 앞으로 많은 어려움이 있을 것이며, 어떤 어둠의 힘에 대해 경계할 필요가 있겠지만 자신이 그들과 함께할 것이라고 말했다.* 그는 자신의 신적 자아로부터 뻗어 내려오는 빛의 크리스털 관, 그리고 다이아몬드와 같은 보호의 원으로 자신이 완전히 둘러싸인 것을 심상화해야 한다고 말했다. 또한, 공격을 받았을 때 그에게 요청하면 그가 응답할 것이라고도 설명했다. 그는 펄에게 상승 마스터들이 갓프리를 통해 전해준 담화 원고의 운반자가 되라고 했으며, 비행기를 타고 캘리포니아로 돌아가는 대신 버스로 여행하라고 지시했다. 이것으로 그의 메시지는 끝이 났으며, 그는 100년 전 프랑스 궁

---

* 아스트랄계의 어두운 마법사(black magician)들은 빛의 확장을 막으려 하고 있다. 상승 마스터들은 갓프리의 학생들에게 이 존재들을 없애버리기 위한 요청을 하도록 자주 부탁했다.

정에 어울렸을 법한 우아함과 함께 고개를 숙이고는 갑자기 사라져 버렸다. 정적이 흐르는 가운데, 그들의 가슴은 마스터의 기적적인 등장이 내려준 축복에 대한 감사로 가득했다.*

---

* 세인트 저메인은 상승 마스터 몸체로 1,700년대에 유럽 궁정에 자주 방문했으며, 유럽에서는 기적의 사나이로 알려져 있다. 볼테르는 그를 '모든 것을 알고 있으며 절대 죽지 않는 남자'로 묘사했다.

제11장

레이디 마스터의 구조

펄은 갈색 종이에 싸인 원고 꾸러미를 움켜쥐고서 캘리포니아로 향하는 버스에 올라탔다. 밤이 되자 버스는 칠흑 같은 어둠 속, 외진 시골 마을에 멈춰 섰다. 그곳은 정차 예정에 없던 장소였고, 그녀는 이를 이상하게 여겼다. 그러나 이내 아주 매력적인 여성이 버스에 올랐다. 그녀는 펄에게 물었다. "당신 옆에 앉아도 될까요?"

"음, 그냥 뒷자리에 앉지 그래요?" 펄은 옆자리를 비워두고 싶은 마음에, 뒤쪽에 있는 빈 좌석을 고갯짓하며 대답했다.

"하지만 저는 이 자리가 더 좋아요." 여성이 고집을 부렸다.

"그럼 좋아요." 펄이 좌석에서 코트를 치우자 그녀가 옆에

와 앉았다.

펄은 이왕에 길동무가 생겼으니 잘 지내보려 말을 걸었다. 그러나 옆자리 여성은 펄의 말을 무시하며 눈을 감았고, 펄은 다시 창밖을 내다보았다.

그러나 몇 분 후, 충격으로 인해 그녀의 눈이 번쩍 떠졌다. 방금 지나간 견인 트레일러가 그들 앞에서 휙 뒤집혀서는 도로를 가로질러 옆으로 돌고 있었다. 고속도로를 미끄러져 내려오는 견인 트레일러에서 불꽃이 튀고 있었고, 그녀는 피할 수 없는 충돌에 대비했다. 지금의 속도로는 운전사가 충돌을 피할 방법이 없었고, 그녀는 모두가 죽을 것이라고 확신했다. 바로 그때, 충돌 전 그 순간, 옆에 있던 여성이 자리에서 자세를 고쳐 똑바로 앉으며 오른손을 높이 들었더니, 버스는 도로에서 떠올라 전복된 트레일러 위를 지나 도로 반대편에 세워졌다. 버스가 고속도로에 다시 자리를 잡자 그 여성은 손을 내리고 자리에 등을 기대앉았다. 버스는 아무 일 없었다는 듯 가던 길을 계속 달렸다.

"그거 봤어요?" 펄이 그녀에게 소리쳤지만, 그녀는 고개만 저었다. 펄은 이 기적에 대한 다른 사람들의 반응을 살피기 위해 주변을 둘러봤지만, 무슨 일이 일어났는지 아무도 모르는 듯했다. 어떤 사람은 자고 있었고, 또 어떤 사람들은 책을 읽거나 이야기를 나누고 있었다. 펄은 다시 한번 옆에 있는 그 낯선 여성과 대화를 하려 했지만, 그녀는 다시 고개를 저으며 침묵이 더 좋다는 뜻을 비쳤다.

곧 버스는 속도를 줄이며 갓길로 진입했고, 또다시 한적하고 어두운 곳에 정차했다. 옆에 있던 여성은 자리에서 일어나 통로를 걸어가더니 계단을 내려가 어둠 속으로 사라졌다. 차 문이 쾅 닫히자 버스는 고속도로를 향해 다시 돌아나갔다.

며칠 후 버스가 덴버에 도착했고 펄은 머리 위 선반에 있는 자신의 짐을 잊은 채 버스에서 내렸다. 그리고 펄이 옷매무새를 다듬으러 나온 그곳에는 며칠 전, 자신의 옆에 앉아 있던 그 여성이 있었다. 펄이 그녀에게 여기에 어떻게 도착했느냐고 물으려던 순간, 그녀가 다가와 말했다. "당신이 버스에 소중한 것을 두고 내린 게 아니었으면 좋겠군요."

오랜 버스 여행으로 아직 멍한 상태였던 펄은 불현듯 원고를 떠올렸다. 힌트를 알아챈 그녀가 돌아서서 다시 버스 쪽으로 걸어가는데, 그녀 앞에 수염을 깎지 않은 섬뜩해 보이는 한 남자가 길을 가로막고 서 있었다. 그는 혼잣말처럼 중얼거렸다. "내가 데려올게. 내가 그녀를 데려올게. 걱정하지 마. 내가 할 수 있어…."[*]

바로 그때, 버스 운전사 유니폼을 입은 키 큰 남자가 그에게

---

[*] 나약한 마음을 가진 사람들이나 술, 마약에 영향을 받는 사람들은 아스트랄계 실체들의 영향을 쉽게 받을 수 있으며 때로는 그들의 명령을 수행하기 위해 최면 상태에서 통제되기도 한다.

다가가서 손가락질하면서 위압적인 목소리로 윽박질렀다. "저리 가! 가서 다신 돌아오지 마."

"아!" 남자는 마치 꿈에서 깨어난 듯 깜짝 놀라서 말했다. 그는 낯선 주변을 둘러보더니 비틀거리며 자리를 떠났다.

"그가 다시 널 괴롭히지는 않을 거야." 운전사는 펄에게 장담했다.

"자, 가능한 한 빨리 버스로 돌아가는 게 좋을 듯한데." 그녀가 로스앤젤레스 정거장에 도착하자 몇 명의 직원들이 마중 나와 있었고, 마침내 원고는 갓프리의 손에 건네졌다. 펄이 그에게 자신의 모험을 말하자 그는 말했다. "그 버스 운전사가 누구였을 것 같니? 그는 우리가 친애하는 마스터였단다."

"그리고, 내 옆에 앉았던 그 이상한 여성은요?" 펄이 물었다.

"너와 이름이 같은 사람."

"펄이요?"

"그래, 그녀는 내가 《마법의 현존》(The Magic Presence)에 썼던 레이디 마스터 펄이란다."*

---

* 우주적 차원을 포함한 많은 차원에는 진주가 생성되는 원리의 본질을 구현하고 그 이름을 사용하는 많은 다차원적 존재들이 있다. 이는 어느 한 개인이 특정한 신성의 에너지에서 나온 존재라는 티베트 불교의 이해와 유사하다. 예를 들면, 많은 여성이 백색, 녹색 혹은 붉은 타라처럼 신성한 어머니의 같은 측면들을 지상에서 구현할 수 있다.

제12장

폭풍을 불러온 펄

갓프리는 펄에게 자신이 없는 동안 성소에서 수업을 진행해 달라고 부탁했다. 펄이 가르쳐야 했던 그 I AM 가르침들의 정수는 하나님이 모든 인간 존재에 내재해 있으며, 그 현존에 대한 인식은 'I AM'이라는 말이 불러오는 에너지와 의식을 명상함으로써 강화될 수 있다는 것이었다. 그리고 이렇게 함으로써 우리가 'I AM'과 결합한 어떤 말이나 생각, 그리고 감정들은 현현되기 시작할 것이다. 하지만 펄은 많은 학생들이 그들 자신과는 동떨어져 있는, 어떤 외부적인 것의 현현을 요청하고 있다는 것을 알아차리기 시작했다. 이것은 몇몇 종교에서 신을 외적인 어떤 것, 즉 '저기 밖에 계신' 분으로 나타내는 방식과 같은 것이었다. 일부 학생들은 벽에 걸어놓은 I AM 현존에 관한 예술가의 작품에다 기도하기 시작했고, 그들은 스스로 'I AM 현존'라고 선언하며 그것을 자신의 내면에서 느끼려 하기보다는 그것을 '장대하신 I AM 현존님'으로 불렀다. 사람들은 외부의 신과 마스터들을 불러내고 싶어 했는데, 그 이유는 그들 자신의 신성을 찾고 또 자신 안에 내재한 신성을 인정하기를 두려워했기 때문이었다. 이런 식으로 그녀는 세인트 저메인 단체의 활동이 재빨리 또 다른 종교화가 되어가는 것을 목격했다.

어느 날 그녀가 청중 앞에 서서 말하고 있을 때 강력하게 그녀의 의식으로 들어오는 파동을 느꼈다. "여러분이 관심을 쏟는 것이 곧 여러분이 됩니다. 여러분은 여러분이 원하는 것을 선언해야 합니다. 선함이 나타나길 원한다면 '나는(I AM) 선하다'라고 말해야 합니다."

"그런 말을 하면 안 돼요!" 몇 명의 직원들이 마치 그녀가 신성모독을 한 것처럼 항의하듯 손사래를 치며 소리쳤다.

"뭘 말하면 안 된다는 거죠?" 펄이 쏘아붙였다.

"당신이 선하다고 말할 수는 없죠. 당신은 나쁜 짓을 많이 저지르지 않았나요? 나쁜 생각을 절대로 해본 적이 없나요? 당신은 한 번도 화낸 적이 없나요?"

"물론 있지요." 펄은 어깨를 으쓱했다. "하지만 그 선함을 요구하지 않으면 당신은 절대 선해질 수 없을 것입니다. 나는 세상을 향해 내가 그 누구보다도 낫다고 선언하는 것도 아니거니와, 당신에게 그 말을 하는 것도 아닙니다. 나는 나 자신을 위해서 그 선함을 요구하고 있는 것입니다."

"나는 기독교에서 말하는 것처럼, 우리가 죄인으로 태어났다고 믿지 않습니다. 우리는 선하게 태어났습니다. 내가 얼마나 나쁜 짓을 했든 간에 내 가슴속에 있는 사랑은 언제나 선한 것입니다. 내 존재의 중심에 있는 그 빛은 선합니다. 그 빛은 온전히 순수하고 완벽하며 나는 그 완벽함을 요구하고 불러올 것입니다. 나는 이러한 내적 변화를 어떤 형태로든 시작하기 위해 '나는(I AM) 선하다'라는 말로 시작한 것입니다."

"나는 하나님의 현현입니다!(I AM the Presence of God!) 나는 세인트 저메인의 현현입니다! 나는 대천사 미카엘의 현현입니다! 당신이 현현시키기를 원하는 어떤 마스터의 이름이나 자질을 말하고 나서 그 에너지가 나타난 것을 느껴보세요."

이윽고 그녀는 몇몇 리더들에 의해 사무실로 불려 갔고 그들은 다음과 같이 말했다. "펄, 그런 말은 삼가야만 해. 그런 것들을 주장해서는 안 돼. 우린 이걸 갓프리에게 보고할 거야."

"잘 됐군요." 그녀가 거침없이 말했다. "어서 말해요. 그의 말을 들을 생각을 하니 기쁘네요."

시간이 지나 갓프리가 샌프란시스코에 있을 때, 펄은 그를 만나러 갔다. 그러나 로터스 부인이 그 당시 단체의 운영에 대해 점점 더 많은 것을 담당하게 되었고, 이를 이용해 펄을 갓프리에게서 되도록이면 멀리 떨어뜨려 놓기 위해 온갖 수단을 동원했다. 그렇지만 펄은 자신이 I AM을 소개했었던 일에 대해 그가 어떤 말을 남겼을지 알고 있었고, 만약 그가 그것을 못마땅하게 생각했다면 그녀를 말렸을 것이라는 사실도 알고 있었다.

활동 운영을 둘러싼 갓프리와 그의 아내 사이의 논쟁이 커지자, 갓프리는 점점 더 일에서 손을 떼게 되었고 펄은 독단적인 요소들이 조직 내에서 더욱 활개를 치기 시작하는 것을 지켜보았다. 슬프게도, 펄은 그 불화가 갓프리의 민감한 신경계와 신체적 건강에 영향을 미치기 시작하는 것을 보았는데, 이 상황은 학생들에게는 비밀에 부쳐져 있었다.

갓프리 레이 킹의 상승

펄은 조지 워싱턴의 무덤에서 갓프리가 곧 상승할 것이라는 사실을 알게 된 이후, 그가 점점 더 에테르 상태로 변하며 지상의 상황으로부터 멀어지고 있는 것을 볼 수 있었다. 로터스와의 결혼생활은 결코 쉬운 일이 아니었으며, 이것이 그를 더 지치게 했다. 로터스는 직원 회의 중에도 갓프리의 얼굴 앞에 대고 그를 면박했으며 그의 의견이 자신의 의견과 다르면 성질을 내곤 했다. 펄은 부부의 방을 지나갈 때면 종종 로터스가 갓프리를 질책하는 소리를 들었는데, 그가 겪을 고통을 생각하면 당혹스러웠다.

1939년 12월 말, 그들은 모두 크리스마스 수업을 위해 로스앤젤레스의 빌트모어 호텔에 머물고 있었고 갓프리는 더욱더 핼쑥해져 있었다. 펄은 그에게 순환기 질환이 있다는 사실을 알고 있었기 때문에 그가 29일 아침 일찍 심장마비로 죽었다는 말을 들었을 때, 그렇게 놀라지는 않았다. 그 소식을 접한 직후, 그녀의 방에서 전화벨이 울렸고 수화기에서는 세인트 저메인의 다정한 목소리가 들렸다. "펄, 나는 너와 밥을 다음 활동의 메신저로 삼고 싶어. 로터스가 받아들일지는 모르겠지만 한번 시도해 보려고 해. 날 좀 도와주겠니?"

"물론이죠." 펄이 말했다. "어떻게든 도울게요."

"우리는 곧 만나게 될 거야. 밥에게 전화해서 내게 집중하라고 전해주렴." 그런 다음 전화는 끊겼다.

즉시 밥에게 전화를 건 펄은, 밥이 직원들 사이의 소란을 처리하는 데 정신이 팔려있다는 것을 알게 되었다. 갓프리는 신실한 I AM의 학생들은 결코 죽음을 알지 못할 것이며, 그 자신도 육체 상태로 상승하게 될 것이라고 여러 번 말한 바 있었다. 많은 사람은 왜 그런 일이 일어나지 않았는지 당장 알아야겠다고 따져댔다. 그들의 가르침에서 중요한 부분을 차지했던 갓프리의 그 가르침이 거대한 모순을 드러내자, 로터스는 그것을 어떻게 다루어야 할지 알지 못하는 듯했다. 그녀는 학생들에게 그저 갓프리가 세인트 저메인과 함께 사업차 시내를 떠났다고 말하며 무슨 말을 할지 생각할 시간을 벌어야만 했다.

이런 혼란 속에서의 전화벨 소리는 밥에게는 고맙게만 들렸고, 펄은 전화로 밥에게 이렇게 말했다. "세인트 저메인께서는 당신이 밖에서 벌어지는 상황에서 주의를 거두고 그에게 집중하길 원하십니다."

"기꺼이 그렇게 할게요!" 밥이 안도하며 대답했다.

"우리가 함께해야 할 일이 있어요." 펄이 말을 마치며 전화를 끊었다. 로터스가 그 어떤 상황에서도 학생들이 검은 옷을 입는 것을 금지했기 때문에, 펄은 장례식에서 입을 드레스를 골라야 했다. 모든 학생이 로터스가 고른 색의 옷을 입어야 한다는 규칙은 그 한 주의 하루하루가 지닌 에너지와 관련이 있었다. 로터스가 지정한 색의 옷을 가지고 있지 않은 학생은 흰색 옷을 입어도 괜찮았으므로, 펄은 옷장에서 흰색드레스를 꺼냈다.

장례식은 1월 1일 아침, 그들의 아들인 도널드의 자택에서 열렸고 전국 각지의 모든 직원과 성소의 리더들이 초대됐다. 72명의 사람들은 관을 중심으로 원을 형성하고 있었고, 로터스는 맨 앞에 자리를 잡고 있었다.*

아름다운 하프와 오르간 선율이 연주되었고 학생들은 갓프리의 상승에 대한 확언과 함께 참여했다. 의식이 계속되자 펄

---

* 펄이 내게 갓프리의 상승에 대해 묘사했던 것을 그대로 옮겼다. 펄 딜Pearl Diehl과 로버트 르페브르Robert LeFevre가 저술했던 《"I AM" 미국의 운명》("I AM" America's Destiny, Twin City House, 1940)에서도 비슷하게 묘사되어 있다.

은 내면의 눈이 열리며, 관의 머리와 발 쪽에 빛의 신성한 존재가 서 있는 것을 보았다. 천사들의 둥근 무리가 내려왔고 그녀는 천상의 배음이 지상의 음악으로 울려 퍼지는 것을 듣기 시작했다.

그녀는 지금까지 본 그 어떤 모습보다도 더 젊고 빛나는 갓프리의 모습을 보았고, 세인트 저메인과 예수는 그의 양쪽에 서 있었다. 이 마스터들은 그를 지상으로부터 점점 들어올리기 시작했다. 그들과 함께 떠오를 때, 갓프리는 너무나 황홀한 지복을 느꼈기 때문에 그의 학생들에게도 그 기쁨을 전하고 싶었지만, 마스터들이 그를 제지했다. 그들은 대기권으로 더 높이 올라갔고 마침내 빛과 함께 사라졌다.

그날 오후에 그의 육체는 화장되었고, 로터스는 학생들에게 갓프리가 실제로는 물질적인 육체를 들어올릴 필요가 없는 '새로운 신의 섭리'에 따라 상승했다는 공식 발표를 공개했다.[*]

---

[*] 이는 전혀 새로운 것이 아니었다. 인도에서는 고차원의 입문에 육체적 몸체를 용해할 필요가 없다는 사실이 잘 알려져 있었다. 상위 차원에서는 영혼(**지바**, jiva)이 다시 한번 I AM 현존(**아트만**)과 직접적으로 다시 연결되는 현상이 일어난다. 육체를 가진 상태로 상승하는 일은 실제로 중국, 인도, 티베트(**쟈루**, jalus)에서 아뎁트adept들에 의해 오랫동안 실현됐으며, 이 경우 육체의 물질적 구성 요소들은 의식적으로 근원으로 되돌아간다. 반면 해탈(**모크샤**, moksha)은 단지 지상에 다시 환생할 필요로부터의 자유일 뿐이다. 다시 말해, 해탈은 지상의 육체로 태어나 배우려던 것을 모두 배웠을 때, 지상의 카르마를 끝냈을 때 일어난다.

다음 메신저는 누구?

펄은 갓프리의 장례식에 참석한 사람 중 자신이 본 것을 동일하게 목격한 사람이 극소수에 불과했으며 로터스는 그들 중 한 명이 아니라는 사실을 깨달았다. 로터스는 펄과 몇몇 다른 사람들이 느꼈던 영적인 광휘의 흔적을 보지 못한 채, 예식 내내 침통한 얼굴을 하고 있었다. 그녀는 어째서 갓프리가 육체 상태로 상승하지 않았는지에 대해서 골몰하고 있는 듯했고, 이것을 해명하기 위해 마침내 그가 상승했다고 공표했다.

로터스가 갓프리처럼 마스터들과 가깝지 않다는 것을 깨닫고 속았다고 느낀 많은 사람은 멤버십을 취소했다. 펄은 이 일이 세인트 저메인 재단의 종말로 이어질지 궁금했다.

다음 날, 펄은 가장 주목할 만한 방식으로 그 의문에 대한 답을 받게 되었다. 세인트 저메인이 그녀 앞에 나타나 말했다. "나는 발라드 부인에게 내가 너를 통해 일하고 있다는 것을 알려주고 싶고, 너희 두 사람이 새로운 메신저가 되기를 바라고 있어. 그녀가 그걸 받아들일지는 모르겠지만 일단 시도해 봐야만 해. 너와 밥이 함께 책을 썼으면 좋겠구나. 내가 밥에게 책에 쓸 말들을 불러줄 테니, 너는 밥이 하는 말을 적어놓거라."

펄은 그에게 남녀 학생들은 서로의 방에 드나들 수 없으며 특히 두 사람 모두 결혼한 상태였기 때문에 그것은 더더욱 불가능하다고 말했으나, 그래도 일단은 밥이 펄을 찾아오도록 설득해 보겠다고 말했다. 밥은 그녀가 예상했던 대로 그것이 규칙에 어긋난다고 말하면서 그녀의 제안을 거절했다.

"그 일은 내가 처리할 수 있을 것 같은데, 펄." 세인트 저메인이 눈을 반짝이며 말했다.

그는 그녀에게 호텔 안뜰이 내려다보이는 창문을 열라고 말했다. 몇 분 후 그녀는 뜰 건너편에 있는 밥의 방 열려 있는 창문으로 밥의 엎드린 육체가 8층 높이로 떠서 공간을 가로질러 그녀의 방 창문을 통해 들어오는 것을 보게 되었다. 그의 육체는 카펫이 깔린 바닥 한가운데에 놓여졌다. 그는 잠들어 있는 듯했지만, 그녀가 옆에 무릎을 꿇고 그의 이름을 부르자 눈을 떴다. 그는 그녀의 얼굴을 올려다보며 물었다. "내가 지금 어디 있는 거죠?"

"내 방에요."

"그건 불가능해요!"

"세인트 저메인이 아니라면 그렇죠."

펄은 밥의 눈을 들여다보았고, 그들의 시선이 마주치자 지난 생애에서의 그들의 인연이 순식간에 펼쳐졌다. 밥은 그 충격으로 정신을 잃었다. 그가 깨어나자 펄은 그녀가 봤던 것을 그에게 다시 설명하기 시작했고 그는 두 번째로 정신을 잃었다. 그 이후에 그가 회복하면서 손을 저으며 말했다. "더는 다른 말은 하지 말아줘요!"

밥은 천천히 의자 쪽으로 몸을 옮기며 주위를 둘러보았다. 그는 실제로 자신이 펄의 방에 있다는 것을 알게 되었고 오직 세인트 저메인만이 그를 이곳으로 데려올 수 있다는 것을 깨달았다. 그는 펄과 통화하다 피곤함을 느끼고 침대에 누웠던 것이 생각났다. 펄은 마스터의 바람을 그에게 설명했고, 그가 말했다. "맞아, 나는 항상 우리가 함께해야 할 일이 있다는 것을 알고 있었어요."

다음 날 밥은 기꺼이 규칙을 어기고 자발적으로 펄의 방으로 찾아왔다. 펄은 미리 종이 한 뭉치와 연필 다섯 자루를 사두었다. 그들이 책상에 앉아 있을 때 문을 노크하는 소리가 났고, 그들은 누군가가 방문할 거라는 생각 없이 말했다. "들어오세요."

　기쁘게도, 방문자는 마스터 세인트 저메인이었고 그는 평범한 옷을 입은 멋진 청년의 모습을 하고 있었다. 펄을 향해 걸어오며 그가 말했다. "손을 내밀어 보렴."

　요청대로 그녀가 손을 뻗자, 마스터는 자신의 손을 그녀의 손 몇 인치 위로 올려놓았다. 그녀는 펴진 손바닥에 뭔가 딱딱한 것이 떨어지는 것을 느꼈고, 그가 손을 떼자 그녀는 자신의 손에 있는 거대하고 흠잡을 데 없는 자수정을 보게 되었다. 그 보석은 6, 7cm정도의 길이였고, 네모난 끝부분은 각각의 면이 2.5cm정도 되었다. 그는 그것을 보석상에게 가져가 반으로 잘라서 24캐럿 금으로 만든 똑같은 반지 두 개를 만들라고 그들에게 지시했다. 또, 반지의 각 면에는 횃불을 새겨두라고 했는데, 이는 계획된 빛의 가르침을 전하게 될(torchbearer, 성화봉송자) 이들로서의 역할을 새긴 것이었다. 세인트 저메인은 이 보석이 동일한 신적 현존의 쌍둥이 불꽃으로서 하나 된 그들을 상징한다고 말하며 그가 그 자수정을 통해 그들과 연락하게 될 것이라고 말했다. 만약 그들이 세속적인 관심에 정신이 팔리게 된다면, 그는 그들의 주의를 환기하기 위해 반지를 사용할 것이었다. 그는 곧 구술이 시작되니 준비하라고 말하고는 사라져 버렸다. (제논 미쉘락Zenon Michalak이 완성한 이 반지의 그림은 1978년 M. S Princess에서 발간된《한 걸음 한 걸음 오르는 우리》(Step by Step We Climb)의 초판에 등장했다.)

거의 그 즉시, 밥은 세인트 저메인으로부터 구술을 받기 시작했고 펄은 그의 말을 받아 적었다. 일주일 안에 그들은 《"I AM" 미국의 운명이다》("I AM" America's Destiny)라고 불리는 작은 책의 원고를 손에 쥐게 되었다. 그들이 책 낼 돈을 어디서 구할지 고민하던 찰나에, 학생 중 한 명이 펄에게 찾아와 필요한 것이 없냐고 물었다. 그는 학생들에게 발송될 책 만 부의 인쇄비용을 자신의 수표로 낼 수 있음에 기뻐했다. 놀랍도록 짧은 시간 안에 그들의 손에 교정본이 들어왔고, 펄은 그것을 로터스에게 갖다주라는 지시를 받았다.

펄은 겁에 몹시 질린 채, 책을 손에 들고 '사랑하는 마마'에게 다가가 말했다. "마스터 세인트 저메인께서 저와 밥에게 이 책을 받아쓰게 하셨고, 첫 번째 인쇄본을 당신에게 드리라고 하셨어요."

로터스는 펄이 건네준 책을 보자 얼굴이 붉어졌다. 그녀는 분노에 떨며 그 책을 방 건너편으로 던져버렸다. 그녀는 "마스터들은 나 말고는 아무에게도 오지 않아!"라고 소리치며 방을 뛰쳐나갔다.

펄과 밥은 그녀의 방에서 다시 만났고, 세인트 저메인이 두 사람에게 다음과 같은 말을 정신체로 전해주었다. "내가 염려했던 대로였지만, 우리는 노력할 필요가 있었단다. 이제 나는 활동을 중단하고 다른 방법들을 통해 내 가르침들을 전해줄 거야. 너희 두 사람은 자리에서 물러나 지시를 기다리길 바란다."

펄은 샌프란시스코로 돌아갔고, 강당에서 열린 다음 단체 모임에서 학생회에 공표했다. "나는 이 성소의 수장직뿐 아니라, 세인트 저메인 재단에서도 사임하라는 지시를 받았습니다."

청중들로부터 헉하는 소리가 들려왔지만, 그녀는 계속했다. "이는 제 자신의 선택이니, 제가 하는 일 때문에 활동에서 떠나지 마세요. 부디 자기 자신의 안내를 따르세요."

그렇지만, 이미 많은 학생과 직원들이 조직에서 탈퇴하기 시작했다. 갓프리는 세인트 저메인이 샤스타산에서 접촉했던, 지난 10년 동안 메신저로 썼던 유일한 사람이었다. 그들은 로터스의 감정적인 폭발을 보았고, 그녀가 갓프리의 상승에 대해 거짓말을 하고 있다고 느꼈으며, 그녀가 마스터들로부터 직접 구술을 받을 만한 진화한 영적 감수성과 이 활동을 리드할 안정성을 가지고 있다고 느끼지 못했다.

펄의 사임에 대한 보복으로, 로터스는 충성스러운 추종자들로 구성된 비밀 그룹을 조직했다. 그들은 강력한 저주 섞인 선언을 이용해 펄을 죽이려고 시도했다. 그러자 펄은 갑자기 병이 나서 침대에서 머리조차 들 수 없었다. 의사들은 어디가 잘못된 건지 진단하지 못했고, 그녀는 곧 죽을 것처럼 보였다. 그 후, 몇몇 학생들이 로터스가 하는 일을 눈치채고서 밤낮으로 보호의 구체로 펄을 감싸주는 반대 그룹을 조직하자, 펄은 점차 회복되기 시작했다. 로터스는 자신이 한 일이 발각된 것을 알게 되자 이내 그 활동을 중단했다.*

세인트 저메인은 약속한 대로, 세인트 저메인 재단을 폐쇄하기 시작했다. 그는 미국 우정국이 우편 사기를 저지른 로터스, 도널드, 그리고 재단을 조사하도록 지휘했다. 이 사건은 1942년에 재판에 넘겨졌고, 펄은 법정에 소환되었다.

펄이 증언을 하기 위해 미 법무장관의 사무실에 앉아 있을 때, 변호사가 몸을 앞으로 내밀고 벽에 걸려 있는 세인트 저메인의 커다란 초상화를 가리키며 말했다. "그래서, 도대체 세인트 저메인이 누구죠?"

펄은 이 놀라운 존재의 기적적인 역사에 대해 설명하기 시작했고, 갑자기 그 그림이 살아서 움직이는 듯했다. 변호사는 눈을 번쩍 뜨면서 "저거 보셨어요?"라고 소리쳤다.

그는 마스터의 업적에 관한 그녀의 이야기에 매혹되어 한 시간 동안을 계속 앉아 있었다. 펄은 세인트 저메인의 마지막 환생이었던 셰익스피어 희곡의 작가 프랜시스 베이컨 경으로서

---

* 몇 년 후인 1960년대에 로터스는 캘리포니아 던스뮤어Dunsmuir 근처의 샤스타 스프링스에 펄을 초대했고, 세인트 저메인 재단에 다시 가입해 달라고 부탁했다. 재단의 회원 수는 약 5만 명에서 2,500명으로 줄어 있었다. 펄은 "미안하지만 다른 사람들처럼 당신을 '사랑하는 마마'라고 부를 수는 없어요."라고 대답했다. 발라드 부인은 그 말에 "괜찮습니다. 그럴 필요 없어요. 하지만 나는 확실히 당신의 도움이 필요할 것 같은데요."라고 말했다. 펄은 "고맙지만 나는 지금 자유롭고, 나의 자유를 지키고 싶어요."라고 대답했다.

의 활동을 설명한 후, 프랑스 혁명에 이르는 그 시간 동안 그가 유럽의 궁정에서 활동한 상승 마스터였음을 이야기해 주었다. 그다음 펄은 자신이 갓프리를 섬기면서 마스터와 만났던 몇 가지 일화도 이야기해 주었다.

마침내, 로터스는 배심원들로부터 사기죄로 유죄 판결을 받았다. 배심원들은 영적 가르침이 거짓이라고는 느끼지는 않았다.(이는 대법원이 재판부에 상정할 수 없다고 판단한 사안이었다) 그러나 그들은 로터스가 그녀 스스로 가르쳤던 그 가르침들을 실제로 믿지 않았으며, 순전히 금전적 이익을 위해 그 가르침들을 이용하고 있다고 느꼈다. 1946년 이 소송은 항소되었고 판결은 배심원에 여성이 포함되어 있지 않았다는 이유로 번복되었다. 그렇지만, 처음 고발된 사기 사건은 재단의 명예를 크게 훼손시켰기 때문에 회원들은 무리를 지어 떠났다. 세인트 저메인이 약속했던 대로, 그는 이제 새로운 형태와 다양한 집단을 통해 자신의 가르침들을 펼치기 시작했다.

그때는 물병자리 시대가 막 시작되고 있었고, 상승 마스터들은 집단적인 순종보다는 더 보편적인 방법으로 각자의 자기 권능(self-empowerment)에 대해 가르치기를 원하는 사람들을 모으기 시작했다. 이제는 각자가 자발적으로 깨어나는 시대로 접어들면서, 교사들과 단체들이 그들의 구성원들을 통제하기보다는, 그들에게 내재한 빛을 깨우는 촉매제 역할을 하게 될 것이었다.* 세인트 저메인의 지휘 아래, 이런 새로운 집단 중 하나가 펄을 중심으로 형성되기 시작했다.**

  모든 영적 가르침들은 진리에 대한 근사치일 뿐이고 무한한 의식은 언어라는 제한된 매체를 통해서만 간접적으로 주어지기 때문에, 상승 마스터의 가르침들조차도 메시지를 받는 사람의 마음에 의해 덧칠되고는 한다. 이전 마스터들의 메신저들이 전한 가르침들에서의 수많은 불일치와 저명한 신지학 학자들 사이에서의 논쟁이 그 타당한 예라고 볼 수 있다. 모든 인간은 어떤 식으로든 결함이 있기 마련이다. 따라서 마스터들은 그들이 활용할 수 있는 수단에 어떤 결함이 있든, 그것을 사용할 수밖에 없다. 오직 내면을 통한 영적 수련만이 구도자에게 진리

---

* 펄은 1940년대에 오자이Ojai에서 크리슈나무르티를 만났다. 크리슈나무르티는 그녀를 집으로 초대해서 차를 마신 후에, 펄이 잠깐 같이 머물고 있었던 이웃집 지인에게 이렇게 말했다. "그녀는 내게 아무것도 바라지 않는, 내가 만난 몇 안 되는 사람 중 한 명이다." 애니 베산트Annie Besant와 신지학회는 크리슈나무르티를 일종의 메시아와 같은 역할과, 차세대 세계의 교사로 키웠었는데 그는 1929년에 이러한 역할을 하지 않겠다고 선언했다. 대신 그는 사람들이 다른 사람에게 의존하지 않아야 하며 스스로 그들 자신을 구원할 필요가 있다고 말했다. 그는 특히 다른 사람들과의 관계 속에서의 자기 관찰을 통해서만 해탈을 이룰 수 있다고 강조했다. 이것은 다가오는 뉴에이지의 기조가 되었다.

** 이 무렵에 마스터들의 가르침들을 펼치며 자신들만의 단체를 만든 또 다른 이전 I AM 학생들은 제럴딘 이노샹트(Geraldine Innocente, **자유를 향한 다리(Bridge to Freedom)**), A. D. K. Luk, 마크와 엘리자베스 프로펫(Mark and lizabeth Prophet, **써밋 라이트 하우스(Summit Lighthouse)**) 등이 있었다.

를 드러나게 할 수 있다.*

펄은 갓프리의 담화를 읽으면서 가끔 어리둥절함을 느꼈는데, 그의 가르침 중 어떤 것들은 가르침의 명정성과 진리의 수준이 달라 보였기 때문이었다. 상황을 잘 살펴보던 그녀는 속기사가 갓프리가 틈틈이 하는 개인적이고 즉흥적인 발언과 마스터들이 전하는 말을 항상 구분할 수는 있는 것은 아니라는 것을 알게 되었다. 출판 전에 직원들이 이런 발언들을 편집하려고 했지만, 간혹 몇몇 문장들은 슬쩍 통과되었다. 이것은 이후에 유명한 영성 서적 출판사인 DeVorss and Company의 편집장이었던 써니 위델Sunny Widell이 펄에게 말해준 내용이었다.**

펄은 또한 《베일 벗은 미스터리》(Unveiled Mystery)와 《마법의 현존》(The Magic Presence) 두 책의 서문에서 왜 책에서 일어난 모든 일이 물질적인 차원에서 일어났다고 쓰여 있는지 궁금해했다. 펄은 그 책에서 묘사된 갓프리의 경험 대부분이 육체를 벗어난 에테르 차원이나 꿈속에서 이루어졌다는 것을 알고 있었기 때

---

* 비록 상승 마스터들에 대한 지식이 그들을 마하싯다들Mahasiddhas이라고 부르는 인도에서 온 것이긴 하지만, 위대한 인도인 요기 파라마한사 요가난다Paramhansa Yogananda가 내면의 신적 현존을 깨닫는 방법을 가르치고자 미국에 방문했을 때 갓프리 부부는 학생들에게 요가와 명상을 수련하는 것을 만류했다. 그들은 명상이 사람들을 수동적으로 만들고 행동하려는 의지를 빼앗는다고 주장했는데, 이는 재단이 오늘날까지 고수하는 입장이다. 그러다 펄이 가르침을 시작한 이후에야 비로소 명상이 마스터리를 이루기 위한 일상적인 수행 속에서 영성의 내적, 외적 측면들을 균형 잡는 방법임이 드러났다.

** 이후, 써니 위델은 샤스타산으로 이사했고 나는 그곳에서 그녀와 함께 펄의 담화들을 간단히 편집하는 작업을 했다. 뒤이어 일어난 소동의 자세한 설명은 나의 자서전2 《Apprentice to the Masters》에 잘 나와 있다.

문이다. 또, 그는 책에 파리와 아시아를 방문했다고 저술했지만, 그녀는 그가 세인트 저메인을 만나기 전에 딱 한 번 영국에만 가보았지, 책에 쓴 곳에는 실제로 가본 적이 없다는 것을 알고 있었다. 심지어 그는 책에 저술한 여행 시기에 여권을 가지고 있지도 않았었다.

마침내 그녀는 갓프리 부부가 합작하여 책을 냈으며, 갓프리의 모든 경험이 물질적인 차원에서 일어난 실제 사건이라고 말함으로써 책에 묘사된 생명의 법칙의 진실을 사람들이 믿기를 바랐다는 것을 깨달았다. 이러한 경험 중 많은 것들이 소설화되긴 했지만, 그들은 영적 법칙의 작용을 묘사함으로써 마스터들의 광휘를 전하는 도관이 되었다. 펄은 죽기 전까지 항상《베일 벗은 미스터리》와《마법의 현존》을 자신이 가장 좋아하는 책으로 꼽았다.

펄은 당시 써니가 5쇄 출판을 편집하고 있던 책,《초인생활》(Life and Teachings of the Masters of the Far East)의 저자 베어드 T. 스폴딩 Baird T. Spalding을 만난 적도 있었다. 그리고 그녀는 그의 책들 역시 그가 미국을 떠나기 전에 체험한 내적인 경험들에 관한 것이라는 사실을 알게 되었다. 그리고 몇 년 후, 언론의 관심을 끌고자 하는 발행인의 요청에 따라 스폴딩은 사람들을 이끌고 인도로 향했다. 그러나 그가 소설에 아름답게 묘사했던 그 마스터들을 본 사람은 '스폴딩 원정대'의 대원 중 아무도 없었

*
다.

---

* 거의 30년이 지나 펄이 가르침을 펴기 시작했을 때, 그녀는 갓프리 책들의 실체에 대해 말하기를 주저했다. 그 책을 읽고 열정에 찬 사람들을 실망하게 하고 싶지 않았기 때문이다. 영적 여정 중에 있는 사람들의 경험 대부분은 보통 그들이 책에서 읽은 것보다는 훨씬 덜 극적이었다. 그렇지만 이후에 직접적인 계시보다는 개인적인 신념으로 판명될 갓프리의 몇몇 진술에 대해서 펄은 절대 의문을 제기하지 않았다. 그의 그러한 진술 중 하나는 미국의 미래에 관한 허구적인 이야기인, '조지 워싱턴의 비전'을 선전(propagation)한 것이었는데, 이것은 어느 기자에 의해 허구로 작성된 것이었다. 그리고 이것은 작성된 지 80년이 지나고 나서야 그 기자에 의한 허구적인 이야기였음이 밝혀졌다.

제15장

로맨스, 결혼 그리고 이혼

1940년 이후, 세인트 저메인 재단에서 탈퇴한 그룹이 세인트 저메인의 지휘로 펄을 중심으로 모여들기 시작했다. 그들은 샌프란시스코의 프레시디오Presidio 근처에 있는, 그녀의 아파트에서 만났다. 하지만 펄과 시드니의 결혼 생활이 막바지에 이르면서 그녀는 샌타 로자Santa Rosa의 한 과수원에서 함께 살자는 제안을 받아들였고, 모임은 그곳에서 이루어졌다. 펄은 그녀의 모든 에너지를 가슴으로 끌어올리라는 세인트 저메인의 지시를 진지하게 받아들이고 있었고, 육체적 순결을 지향하고 있었다. 이는 시드니가 받아들이기 힘든 것이었다. 그들 중 누구도 세인트 저메인이 은밀히 주도하고 있는 파트너의 교체를 전혀 눈치채지 못했다.

밥, 써니 그리고 제롬 '제리' 도리스Jerome Jerry Dorris라는 이름의 한 남자를 포함하여 12~20명 사이의 이전 I AM 학생들로 이루어진 핵심 그룹은 과수원에서 격주로 만남을 가졌다. 《"I AM" 미국의 운명이다》("I AM" America's Destiny)를 구술할 당시, 펄과 밥이 함께 일할 수 있도록 세인트 저메인이 그들을 훈련시켰기 때문에 마스터들은 그들을 통해 담화를 전할 수 있었다. 1940년부터 1949년까지, 제2차 세계대전 중 있었던 휴지기를 제외한 그 시간 동안 약 50여 건의 담화들이 전해졌다.

이 중에는 세인트 저메인이 결혼에 대해 언급한 담화도 있었는데, 그것은 그들에게 일어나고 있는 관계의 변화를 가르치려는 의도였음이 분명했다. 그는 평범한 결혼생활에 대해 명확하지 않은 견해를 취하면서도 파트너가 상대 파트너를 소유하는 느낌이 들 때는 얼마나 제한적인 제도인지를 설명해 주었다. 또한 파트너가 상대방의 잘못된 점을 알고 있다고 생각하

---

* 제롬 제리 도리스는 오리건주 국경 바로 남쪽에 있는, 도리스 목장을 소유하고 있는 가문 출신으로, 그곳의 마을 이름 또한 도리스였다. 그는 건강을 마음의 작용으로 보는 크리스천 사이언스Christian Science 신앙 속에서 자랐다. 젊었을 때 그는 카우보이였고, 말들을 조련했다. 여름이 오면 그는 방목장에서 울타리를 고치고 길 잃은 소들을 몰며 몇 주 동안이나 말을 타고 달리곤 했다.

** 《Step by Step We Climb》(M.S. Princess, 1977)

*** 《Step by Step We Climb to Freedom》(M.S. Princess, 1981). 이 시리즈의 마지막 책인 《Step by Step We Climb to Freedom and Victory》(M. S. Princess, 1983)에서 펄은 그녀의 상위 자아의 고양된 그리스도 의식으로서 말하고 있다.

고 상대방에 대한 고정된 종종 부정확한 인식을 가질 때 생기는 한계의 느낌도 있었다. 이는 이러한 사고 형태를 파트너의 의식 속에 주입한다. 사람들은 실제로 종종 파트너에게서 자신의 약점을 인식하곤 한다.

펄은 머지않아 마스터들이 결혼에 대한 그들만의 생각이 있다는 것을 알게 될 것이었다. 마스터들의 생각은 두 사람의 결합 목적이 완수되었을 때도 결혼 생활을 계속해야 한다는 식의 관습적인 생각과 항상 일치하지는 않았다. 모두의 카르마를 알고 있는 마스터들은 서로에 대해 어떤 빚이 있는지, 어떤 교훈을 얻어야 하는지, 그리고 그들이 어떤 봉사를 함께 해야 할지에 따라 사람들의 관계를 유동적으로 움직였다. 펄은 마스터들에게 봉사하면서 마스터들이 어떤 식으로 사람들의 인연을 이어주는지 보았다. 그렇게 엮어진 사람들은 봉사가 끝날 때까지 함께했다.

결혼이 사람들을 영적으로 진보시키기 위해서는 그들 자신의 부족함을 서로에게 탓하기보다는 서로에게 내재한 I AM 현존을 인정하고 자신의 감정에 대한 책임을 질 필요가 있었다.

몇 년에 걸쳐 펄의 쌍둥이 광선인 밥과 그의 아내 페기Peggy 또한 이혼했다. 나중에 페기는 펄의 전 남편인 시드니와 결혼했다. 그리고 재단의 회원이었던 로이Loy가 있었는데, 그녀는 몇 년 전 밥을 만난 적이 있었다. 그때 로이는 밥이 당시에 기혼자였음을 알고 있었음에도 "이 사람이 네가 결혼할 사람이다."라는 내면의 소리를 들었다. 이제 서로 독신이라는 것을 알게 된 밥과 로이는 세인트 저메인이 자신들을 엮어주었다고 느꼈고, 결국 결혼했다.

한편, 펄은 자유로운 영혼이었고 다른 사람의 기대에 부응하기 위해 애쓰는 데 익숙하지 않았기 때문에 다시 독신이 되어 행복했다. 하지만 마스터는 그녀가 전혀 기대하지 않았던 다른 사람을 그녀를 위해 준비하고 있었다. 모임을 마친 어느 날, 제리는 소노마Sonoma에서 운영하던 자신의 목장으로 돌아가기 위해 운전 중이었다. 바로 그때 세인트 저메인이 에테르적이지만 거의 물질화한 상태로 그의 앞에 나타났다. 제리는 에테르적으로 뭔가를 자주 보지 못했기 때문에 마스터가 무언가 중요한 말을 하고 싶어 한다는 것을 인지했다. 하지만 다음과 같은 마스터의 명료한 말에 그는 충격을 받았다. "나는 자네가 펄과 결혼하기를 바라네."

농장에 이전 학생들의 이 그룹이 생기기 전까지 그와 펄이 만났던 것은 수년 전 그가 I AM 성소를 처음 방문할 당시에 펄이 그에게 《베일 벗은 미스터리》 한 권을 팔던 순간뿐이었다. 한때 그는 펄의 손을 잡고 금빛 계단을 함께 올라가는 비전을 본 적이 있었지만, 이내 그것을 헛된 공상으로 치부해 버렸다. 펄과 그녀의 친구들은 골든 게이트 공원에서 활동하고 있었을 때 그들은 제리가 말을 타고 지나가는 것을 종종 보고는 했다. 한번은 그들이 해변에 있었는데 이 카우보이 같은 남자가 멀리서 자신들을 향해 말을 타고 달려오는 것을 보았다. 카우보이가 그들 모임에 잠깐이나마 주의를 기울이도록 그들은 그가 지나갈 길을 막아섰다. 그 남자는 제리였고 그는 융통성 없게도 남녀가 가까이하면 안 된다는 규칙을 지키면서 바닷가 쪽으로 돌아서 말을 타고 그들을 그냥 지나가 버렸다.

그리고 지금, 세인트 저메인이 나타난 후 제리는 한 치의 망설임도 없이 도로를 유턴해 펄의 문 앞에 나타났다. 그가 방충망을 두드리자 펄이 대답하면서 물었다. "여긴 웬일이에요?"

"마스터께서는 우리가 결혼하기를 원하세요." 그가 불쑥 내뱉었다. 그는 말을 조심스럽게 하는 법이 없었다.

"뭐라고요!" 자신이 잘못 들었을 거라고 믿으며 펄이 대답했다.

"짐 챙기세요. 펄, 마스터께서 방금 내게 당신과 결혼하라고 하셨어요."

"이봐요." 펄이 단호하게 말했다. "나는 당신을 사랑하지도 않을뿐더러 당신을 그렇게 좋아하지도 않아요."

"알고 있어요. 펄, 나도 당신과 같은 기분이에요." 제리가 사과하듯 말했다. "그렇지만 이건 마스터의 바람이에요. 너무 걱정하지 마세요. 당신은 방을 따로 써도 돼요. 당신이 짐을 꾸리는 동안 여기서 기다릴게요."

충격에 빠진 펄은 제리에게 부엌에서 기다리라고 말했다. 그녀는 2층으로 올라가 침대에 걸터앉아 울었다. 그녀는 벽에 걸려 있는 세인트 저메인의 그림을 쳐다보았다. 그녀는 그의 눈을 들여다보며 그 말이 사실이라는 것 즉, 세인트 저메인이 실제로 펄과 제리가 결혼하기를 바란다는 것을 깨닫게 되었다. 그녀는 천천히 몇 가지 소지품을 챙겨서 여행 가방에 집어넣고 아래층으로 내려갔다. 그들은 차를 몰고 샌타 로자의 소노마 법원에 가서 혼인 신고를 했다. 그때가 1944년 12월 2일이었다.

그들은 과일 농장을 관리하며 같이 일하는 법을 배웠다. 펄은 농장 인부들의 점심 준비를 포함한 요리와 부기를 담당했고 제리는 작업반을 관리했다. 그들은 파라마한사 요가난다 Paramhansa Yogananda가 방문해서 유명해진 식물학자 루터 버뱅크 Luther Burbank의 농장과 가까이에 살았다. 버뱅크는 그 위대한 인도 요기에게 자신은 오직 식물들을 사랑하는 것을 배움으로써 식물을 번식시키는 기적을 이룰 수 있었다고 고백했다.*

그곳이 마음을 쉴 수 있는 편안한 장소라는 것을 알게 되자, 펄은 그곳을 자주 방문했다. 농장 생활은 마스터들과 함께한

---

* 《어느 요기의 자서전》(Autobiography of a Yogi, Self-Realization Fellowship, 1946), 파라마한사 요가난다 지음

몇 년간의 집중적인 영적 작업 이후 그녀에게 필요한 그라운딩 grounding을 할 수 있게 도와주었다. 또한, 펄은 자신이 사랑하는 쌍둥이 광선이 다른 여자와 결혼하여 충격을 받았을 뿐만 아니라 시드니와의 결혼도 파경을 맞았으므로 그 불가피한 상처를 치유하고자 노력하고 있었다. 그녀는 비록 이러한 변화가 세인트 저메인의 의도 아래서 일어났다는 것을 알고 있었지만, 감정적인 집착을 내려놓는 것은 어려운 일이었다. 제리는 그렇게 말이 많은 사람이 아니었지만 언제나 친절했고 그녀의 잦은 충동적인 성격에 관대했다. 만일 그녀가 그에게 집 안 가구를 옮겨 다시 배치해 달라고 한다면 그는 기꺼이 응해주는 사람이었고 심지어 다음날 그녀가 마음을 바꿔 그에게 모든 것을 원래 있던 곳에 되돌려 놓자고 해도 그는 침착함을 유지하는 사람이었다.

그렇지만 제리는 동물들과 이야기를 나눌 수 있다는 그녀의 주장에 어리둥절했다. 어느 날 제리가 멀리 들판에서 인부들과 일하고 있을 때, 펄은 제리가 가장 좋아하는 말인 머독Modoc이 "나 목말라!" 하고 말하는 것을 분명히 들었다.

그녀는 그것이 이상하다고 생각했다. 제리가 저절로 다시 채워지는 자동 급수기를 설치해 놓았기 때문이다. 그러나 그녀는 제리가 집에 왔을 때 "머독이 목이 마르대요." 하고 말했다.

그는 "그럴 리가 없어요."라고 말했지만, 펄을 기쁘게 하려고 그것을 다시 살펴보기로 했다. 놀랍게도 펄의 말이 옳았다. 기계 장치가 꽉 막혀서 물이 바닥나 있었다.

제리가 돌아와 말했다. "문제가 있다는 걸 어떻게 알았죠?"

제리가 당황하며 머리를 긁적거리자 그녀가 반복해서 말했다. "머독이 말해줬어요."

그리고 그녀는 몇 달 후에 또다시 머독이 자신에게 말을 거는 꿈을 꾸었다.

"소들이 포도밭에 있어요." 머독이 말했다.

"일어나 봐요. 제리, 소들이 포도밭에 있대요!"

"뭐라고요? 꿈을 꿨나 보네요. 펄, 다시 자요."

그가 그녀를 안심시켰다.

"아니요. 제리, 소들을 확인하러 가봐야 해요."

"뭣 때문에 잘못됐다고 생각하는 거예요?" 제리가 잠에서 깨어 물었다.

"머독이 말해줬어요."

"음." 그는 끙 소리를 내며 여전히 의심을 거두지 못했지만, 펄이 시키는 대로 할 때까지는 다시 잘 수 없다는 것을 알고 있었다. 그는 부츠를 신고 비틀거리며 어둠 속으로 걸어 나갔다. 30분 정도 지나 그가 돌아왔다. "펄, 당신 말이 맞아요. 소들이 포도밭에 있었어요."

그날 이후 제리는 비이성적으로 보이는 그녀의 요청에 더욱

주의를 기울였고, 자신의 말이 아내와 교감하고 있다는 것을 받아들였다.

펄과 유엔(UN)

　제2차 세계대전이 한창이던 1942년, 미래의 국가 간 이견을 해결하기 위한 기구의 출범을 위해 많은 국가가 의향서에 서명했다. 그들은 1945년 6월 25일 샌프란시스코에서 헌장에 투표할 예정이었다. 펄은 세계정세를 개선하기 위해 내적인 영역에서 일하는 것을 선호했기 때문에, 정치를 추종하는 사람은 아니었지만, 어느 날 그녀는 자신이 세계무대에 던져졌다는 것을 깨닫게 되었다. 그녀는 샌타 로자에서 제리와 친구를 만나 점심을 먹기로 되어 있었지만, 그곳으로 가는 도중에 샌프란시스코로 가야 한다는 명확한 충동을 느꼈다. 자신이 어디로 향하는지도 모르는 채로 금문교를 건너면서, 그녀는 마스터 세인트 저메인을 불렀다. 샌프란시스코에 들어서자, 그녀는 롬바드Lombard가에서 확언을 계속했다.

나는 이 차를 운전해서 내가 가야 할 곳으로 인도하시는 세인트 저메인의 현존입니다.

곧 그녀는 우회전해야 한다는 것을 느꼈고, 반 네스Van ness가를 향해서 계속 내려갔다. 마켓Market가에서 몇 블록 떨어진 곳에서, 그녀는 "이곳에 주차하거라." 하는 소리를 들었다. 여전히 어디로 갈지 알지 못한 채, 그녀는 주차하고 걸어가기 시작했다. 몇 걸음 걷지 않았을 때, 정장을 차려입은 한 여성이 다가와 물었다.

"당신, 펄 맞죠?"

"네, 그렇긴 한데 어떻게 절 알아보셨죠?"

"반가워요. 저는 당신의 I AM 수업을 한 번 들은 적이 있었는데 당신의 진정성과 순수함이 인상적이었어요. 절대 당신을 잊을 수가 없었죠. 제 이름은 버지니아 길더슬리브이고 유엔 헌장 인가를 위한 회담 준비를 돕기 위해 이 도시에 와 있어요. 사실, 저는 지금 트루먼 대통령을 만나러 가는 길이에요.*

---

* 버지니아 길더슬리브(1877-1965)는 여성인권운동가로, 바너드 대학(Barnard College)의 학장이었으며 유엔 회담에서 미국 사절로 임명된 유일한 여성 사절이었다.

같이 가지 않을래요?"

 이제 펄은 이곳으로 향하도록 안내된 이유가 바로 이것 때문이라는 확신이 들었고, 길더슬리브 부인에게 기꺼이 함께 가겠다고 말했다. 그들은 남은 블록을 함께 걸어서 전쟁 기념 재향군인회 건물로 들어섰다. 건물 안에는 펄이 여태까지 본 것 중 가장 거대한 그룹이 있었다. 길더슬리브 부인은 다른 사절단들을 만나기 위해 다시 돌아가야 하지만, 그전에 먼저 펄이 좋은 자리를 배정받았는지 확인하겠다고 말했다. 허브스트 Herbst 극장의 객석으로 들어서서, 길더슬리브 부인은 통로를 내려가 맨 앞의 열로 펄을 안내했다. 세계 각국의 사절들로 둘러싸인, 중앙의 한 자리가 비어 있었다. 펄은 여러 남자 사이를 비집고 들어가 무사히 자리에 앉았고, 그녀의 경호원은 자리를 떠났다.

 펄은 회담이 시작되자마자 엄청난 영적 광휘가 대기 중에 스며드는 것을 느꼈다. 그녀는 상승 마스터들만이 이러한 현상을 선사할 수 있다는 것을 잘 알고 있었다. 그리고 이로 인해 그녀는 다시 한번 자신이 마스터의 지시를 따라 여기에 와 있다는 사실을 확인할 수 있었다. 그들은 곧 다음과 같은 공식 목표가 명시된 헌장에 투표할 예정이었다.

인종·성별·언어 또는 종교에 따른 차별 없이 모든 사람의

인권 및 기본적 자유에 대한 존중을 촉진하고 장려한다.*

펄은 마스터들, 특히 그레이트 디바인 디렉터Great Divine Director를 불러내어 그들이 이 행사를 지휘하도록 했으며, 모든 것이 신성한 계획과 조화를 이루게 해달라고 요청했다. 그런 다음 그녀는 자신의 멘토에게 요청했다.

친애하는 세인트 저메인이시여, 나타나셔서 이곳을 완전히 지휘하세요. 유엔을 위한 완벽하고 신성한 계획이 나타나도록 해주세요. I AM이라는 하나님의 권능으로 모든 것을 태워 버리는 보라색 불꽃이 높이 타올라 이 회담장의 안과 주변, 전체를 거치게 하시어 불완전한 모든 것을 녹이고 태워 버리게 하세요.**

기적적이게도, 그들은 공식적인 투표를 하는 대신 50개국에서 온 각 사절이 찬성을 표하길 원하면 일어서서 손을 들기로 했다. 그 일은 기념비적인 사건이었고, 〈샌프란시스코 크로니클〉San Francisco Chronicle 신문은 다음과 같은 기사를 실었다.

---

* 유엔 헌장
** 보라색 정화의 불꽃은 빛의 스펙트럼에서 정화의 성격이 가장 강한 보라색을 의식적으로 불러오는 것이다. 이것은 단순한 생각에 그치는 것이 아닌, 그 활동에 파동이 맞춰진 사람들이 직접 보고, 느낄 수 있는 에너지의 파동이다. 보라색 불꽃은 부정적인 에너지를 태워 버리고 그와 접촉하는 모든 것을 더욱 완벽한 상태로 끌어올린다.

그 회담은 역사상 가장 중요한 사건 중 하나였을 뿐 아니라, 아마도 지금까지 열린 국제회의 중 가장 큰 규모였을 것이다.

그렇지만 서류에는 아직 서명이 필요한 의제가 남아 있었으며, 서명은 다음 날 이루어질 예정이었다. 이후에 길더슬리브 부인은 펄을 만나 말했다. "펄, 내일 꼭 돌아와야 해요. 제가 당신을 위해 자리를 준비해 둘게요." 그런 다음 그녀는 손을 흔들며 미국 사절단과 함께 택시를 타고 사라졌다.

집에 도착한 펄은 자신이 점심 약속을 어겼기 때문에 제리가 화났을지도 모른다는 생각에 걱정이 되었지만, 그는 그들이 원래 만나기로 했던 친구가 약속을 취소했다고 말했다. 그러니 약속을 어긴 건 아닌 셈이었다. 펄은 제리에게 자신이 어디에 갔었는지 설명했다. 그러자 제리는 다음 날 그곳에 다시 가도 괜찮으며, 농장 일꾼들을 위한 식사 준비는 자신이 하겠다고 말했다.

다음 날인 6월 26일, 모든 사절단과 많은 외국 지도자들이 최종적인 유엔 헌장에 서명하기 위해 같은 회담장에 모였다. 길더슬리브 부인은 약속한 대로 펄이 같은 자리에 앉도록 주선해 주었다. 무대 뒤쪽에는 반원 모양으로 참가국들의 국기가 있었고, 중앙에는 거대한 원형 테이블이 놓여 있었다. 외국 정상이나 사절들이 하나둘씩 앞으로 나와 테이블에 앉아 서류에 서명했다. 이번에도 펄은 상승 마스터의 활동에서만 나올 수 있는 엄청난 에너지를 느꼈다.

온종일 보지 못했던 자신의 친구가 어디 있는지 궁금하던 차에, 펄은 갑자기 길더슬리브 부인이 무대 위로 걸어가는 것을 보았다. 루스벨트Roosevelt 대통령은 죽기 바로 직전에 그녀를 미국 사절로 임명했고, 이제 그녀는 미국 대표로서 이 문서에 서명하기 위해 자리에 앉았다. 그녀가 서명을 마치자 트루먼 대통령이 나서서 그녀와 따뜻한 악수를 했다. 이어진 담화에서 그가 말했다.

당신이 방금 서명한 유엔 헌장은 우리가 더 나은 세상을 만들 수 있는 견고한 토대가 될 것입니다.

펄은 이 헌장을 통해 더 나은 세계가 되길 기도했지만, 세상에 영원한 평화를 가져오기 위해서는 문서에 서명하는 것보다 훨씬 더 많은 것이 필요하다는 것을 알고 있었다. 또, 그녀는 아스트랄계에서도 전쟁이 벌어지고 있으며 인류가 평화로워지려면 먼저 그 세력들이 사라져야 한다는 사실을 알고 있었다.

그날 저녁, 차를 몰고 집으로 돌아오면서 그녀는 세인트 저메인의 현존을 느꼈으며 그가 상승 마스터들의 도움과 개입을 요청해 준 그녀에게 고마워한다는 것을 느꼈다. 마스터들이 전능하기는 해도, 그들은 일반적으로 인간의 의지에 간섭하지 않는다. 그들에게는 우리를 대신해 중재할 수 있는 우리의 초대가 필요한 것이다.

1945년 6월 26일, 샌프란시스코에서의 유엔 헌장 서명 당시 버지니아 길더슬리브 Virginia Gildersleeve가 미국 대통령 해리 트루먼Harry Truman 및 다른 국가의 대표들과 악수하고 있다.

제17장

레이디 마스터 레토의 꾸짖음

매년 새해 전야에는 상승 마스터들이 와이오밍주의 티톤 Teton 산맥에 있는 로열 티톤 내부에서 영적 모임을 연다. 마스터들은 자신의 학생들을 초대해서 개별적인 안내를 받게 하고, 그들이 세상을 향한 마스터들의 빛의 방출에 참여하도록 한다. 펄은 그 모임을 고대하며 일찍 잠자리에 들었다. 그녀는 그곳에 의식적으로 갈 수 있기를, 그리고 아침에 일어났을 때 거기서 어떤 일이 일어났는지를 기억할 수 있기를 기도했다. 얼마 후 그녀는 상위 몸체로 깨어났으며 침대 옆에 서 있는 아름다운 여성 마스터 레토Leto를 발견했다.*

"친애하는 펄, 내가 너의 진심 어린 부름을 듣고 너를 로열 티톤으로 데려가기 위해 왔단다." 레토가 상냥하게 말했다. "이걸 입으렴." 그녀가 펄에게 화려한 흰색 예복을 건네주었다. 옷의 천이 펄럭일 때마다 거기서 여러 가지 색깔들이 번쩍였다. 펄이 생전 처음 보는 옷이었다. 그 옷을 입은 펄은 순식간에 공주의 부러움을 살 만한 위엄 있는 자태를 뽐냈다.

레토는 펄의 어깨에 팔을 둘렀고, 그들은 밤하늘로 솟아올랐다. 펄은 하늘로 날아가면서 풍경을 볼 수 있었고, 마침내 저 멀리 첨탑처럼 보이는 티톤 산맥의 봉우리들을 볼 수 있었다. 그들은 대백색 형제단의 대회의실로 이어지는 빛나는 통로로 내려갔다.

그녀는 손님 사이에 앉아 있었는데, 손님 중 몇몇은 그녀가 가졌었던 모임에 속한 영혼들인 것을 알아볼 수 있었다. 의식(service)이 바로 시작되었다. 거기에 있는 마스터 중 몇 명은 그녀가 익히 알고 있던 이들이었지만, 처음 보는 다른 위대한 존재들도 많았다. 그녀는 그들의 장엄함으로 인해 경외감에 사로잡혔다. 그들이 함께 명상하자 거대한 빛이 분출되어 미국으로 퍼져나갔다. 그녀는 전 세계의 다른 은둔처에서도 이와 비슷한

---

* 레토는 사람들이 의식적으로 몸 밖으로 여행할 수 있도록 돕는다. 그녀는 과거 스코틀랜드에서의 삶을 살았고, 그 생애에서 야생화 헤더heather의 향기를 무척 사랑했다. 가끔 그녀가 현현할 때 그 향기가 뿜어져 나온다.

봉사가 이루어지고 있다는 사실을 알게 되었다. 또, 상승 마스터들이 인류에게 신성한 계획의 성취를 향해 나아가도록 의식의 새로운 파동을 전해주고 있다는 것을 알게 되었다.

공식적인 의식이 끝난 후, 흰 의복을 입은 세인트 저메인이 그녀의 영혼을 꿰뚫어 보는 듯한 눈빛으로 그녀에게 다가왔다. 펄은 세인트 저메인의 옆에 있는 한 사람이 전생에서 자신과 알고 지냈던 사람임을 직감했다.

"너의 직관으로 이 오랜 친구를 알아볼 수 있겠지." 세인트 저메인이 말했다. "그는 인도에서 많은 환생을 거쳤단다. 너희 둘은 오래전부터 많은 생애를 같이했었지. 그는 최근에 미국에서 태어났는데, 때가 되면 그의 훈련을 위해 그를 너에게 인도해 주겠다. 그는 우리의 진리를 세상에 알리는 데 필요한 훈련을 받게 될 거야. 사랑하는 펄, 이제 떠날 시간이야. 너를 데리고 온 우리 자매가 집에 바래다줄 거란다."

레토가 펄의 곁에 다가와 손을 살며시 잡으며 온화하게 말했다. "이제 떠날 시간이야."

다시 펄은 자신에게 전해진 빛의 황홀경에 휩싸였고, 그들은 힘들이지 않고 밤하늘로 떠올랐다. 순식간에 그들은 샌타 로자로 돌아와 펄의 육체가 잠들어 있는 침실로 내려갔다. 펄은 구속이 된 듯하고 너무나 제한적인 자신의 거친 몸체에 돌아가는 것이 망설여졌다. 그녀는 이렇게 생각했다. "내가 이 사랑스러운 옷을 간직할 수만 있다면 나는 언제나 이날 밤을 떠올릴 수 있을 거야."

"이제 예복을 벗어주렴." 레토는 분명 펄의 바람을 알고 있었지만, 손을 내밀며 말했다.

"아, 하지만 옷이 너무 아름다워요. 제가 가지고 있으면 안 될까요?"

"그런 일은 허용되지 않는단다." 레토가 단호하게 대답했다.

"아, 하지만 이 옷과 떨어지는 건 견딜 수 없을 거 같아요." 펄이 반짝반짝 빛나는 천의 주름을 가슴에 움켜쥐며 간청했다.

레토는 손을 뻗어 순식간에 그 옷을 낚아챘다. 엄중한 목소리로 그녀가 말했다. "이 불복종으로 인해 너는 앞으로 나를 아주 오랫동안 보지 못할 것이다."

아름답고 전능한 그 여성 마스터는 사라져 버렸고, 펄은 다시 육체로 돌아와 잠들어 있었다. 아침에는 야생화 헤더heather의 은은한 향기가 허공을 가득 메우고 있었고, 펄은 밤사이 자신의 몸에 스며든 은둔처에서의 고취된 에너지를 느꼈다. 하지만 레토와의 창피한 기억이 되살아나면서, 그녀는 부끄러움을 느꼈다. 그녀는 애석해하며 "레토를 다시 볼 때까지 얼마나 걸릴까?" 하고 궁금해했다.

제18장

UFO 방문자들

어느 늦은 밤 펄은 윙윙거리는 소리에 잠이 깨어 과수원이 내려다보이는 발코니로 걸어갔다. 집 앞 들판에는 금속 재질의 은빛 원반 물체가 있었고, 점프 슈트를 입은 남녀가 집을 향해 걸어오고 있었다. 무슨 이유에선지 그녀는 두렵지 않았고, 그들이 계단을 올라 그녀 쪽으로 올 때까지 기다리고 있었다. 그들은 평범한 인간으로 보였지만 평화와 자기 완성(self mastery)의 감각을 발산하고 있었다.

"우리는 당신에게 메시지를 전하고자 합니다." 그녀의 팔을 꽉 움켜쥐며 남자가 조용히 이야기했다. 그는 메시지를 전한 뒤 말을 마쳤다. "내가 한 말은 기억이 나지 않을 겁니다. 미래에 언젠가 당신이 이 말을 떠올릴 필요가 있을 때까지는요." 그런 다음 그는 그녀의 팔을 놓아주며 말했다. "자, 이제 침대로 돌아가세요."

그들이 돌아서서 계단을 내려가자 펄은 집 안으로 돌아갔다. 놀랍게도, 그녀는 침대 위에 있는 자신의 육체를 보았다. 잠시 당황한 그녀가 "나는(I AM) 이곳을 지휘하며 다시 내 육체로 돌아가고 있습니다."라고 말했고, 아침이 밝아오자 그녀는 잠에서 깼다.

"제리, 제리." 펄이 말했다. "어젯밤에 가장 놀라운 방문이 있었어요."

"틀림없이 꿈이었을 거예요." 그가 대답했다.

"아니, 그건 진짜였어요." 우주 여행자가 움켜쥔 팔이 여전히 욱신거리는 것을 문지르며 그녀가 단언했다. 실제로 그 방문이 일어났다는 것을 확신시키려는 듯 팔은 며칠 동안 계속 아팠다. 그녀가 들었던 이야기를 차츰 기억해 내기 시작한 것은 거의 30년 이후였으며, 이 우주인들은 인류를 위한 신성한 계획을 돕기 위해 상승 마스터들과 긴밀히 협력하고 있던 우리의 조상들이었다.

1954년 3월, 한 친구가 조지 아담스키George Adamski를 만나러 가지 않겠냐고 펄에게 전화를 걸어왔다. 조지 아담스키는 UFO

에 관한 책을 막 출판했던 사람이었다. 그는 실제로 우주선에 탑승한 적이 있다고 주장했고, 책을 홍보하기 위해 샌타 로자의 재향군인회 기념 강당에서 강연하고 있었다. 강연이 끝날 무렵에 그는 펄을 다른 방으로 불러서 담배에 불을 붙이며 말했다. "내게 하고 싶은 말이 있군요."

아무것도 모른 채로, 그녀는 내면으로 의식을 집중하며 생각했다. "나는(I AM) 내가 말하고자 하는 것을 말합니다."

마음의 스크린에 메시지가 번쩍 떠오르자 그녀가 말했다. "우주선에 탔다고 말하면서 사람들을 속이는 행동을 멈추세요."

"그래, 알겠어요." 그가 소심하게 내려다보며 말했다. "또 다른 건요?"

그가 입술에 담배를 물고 있는 것을 본 그녀는 그에게 담배를 끊으라고 말하려 했다. "알았어요, 알았어요." 그가 담배를 바닥에 던지며 말했다. 그는 담배를 구두 뒤꿈치로 밟아 가루로 만든 뒤에 돌아서 걸어 나갔다.

몇 년 후인 1975년, 북극에 위치한 미 공군 중대를 지휘했다가 퇴역한 웬델 스티븐스Wendelle Stevens 중령이 펄을 여러 차례 찾아왔다. 그의 부대원들은 바다에서 올라오는 UFO와 빙하 위

---

* 《비행 접시의 착륙》(Flying Saucers Have Landed), 조지 아담스키George Adamski와 데스먼드 레슬리Desmond Leslie 지음(영국 북 센터British Book Center, 1953)

에 있는 수많은 UFO를 촬영하곤 했다. 그는 얼마 전에 스위스에 가서 그곳의 농부인 에두아드 '빌리' 마이어Eduard Billy Meier를 조사했었다. 그는 셈야제Semjasse라는 이름의, 플레이아데스에서 온 여성 우주비행사의 초대를 받은 농부였다. 이후 1989년, 나는 애리조나주의 투손Tucson에 있는 웬델의 집에 찾아갔다. 웬델은 나에게 이런 얘기를 해주었다. 그는 빌리와 함께 빌리의 집 부엌문 밖으로 걸어 나가고 있었다. 그런데 그때, 자신의 눈앞에서 이동 광선에 의해 빌리가 순식간에 사라진 것을 보았다는 것이다. 펄은 그러한 외계인의 방문이 실제라고 믿었다. 그러나 이 우주인들이 약 1년 후에 방문하기를 멈추었을 때, 펄은 마이어가 시작한 채널링을 통해 나오는 정보를 믿지 않았다. 또한, 그가 찍은 UFO 사진 중 일부가 조작된 사실도 밝혀졌다.

펄은 우주에서 온 인류의 선배이자 형제자매인 그들에 대한 감수성을 점차 발달시켰고, 그들이 방 안에서 사람들과 함께 일하는 것이 느껴지면 그것을 잠시 언급하기도 했다.* 이후에도 그들의 활동은 에너지 단계에서 이루어졌고, 그들이 절대 개인적인 메시지를 전달하는 일은 없었다.

---

* 웬델 스티븐스(1923-2010), 《UFO Contact from the Pleiades》를 리 엘더스Lee Elders(창세기Genesis III, 1980)와 함께 쓴 저자이자 애리조나주 투손에 있는 공중현상 연구기관(APRO, Aerial Phenomena Research Organization)의 초대 회장

제19장

샤스타산의 부름

일곱 빙하의 설백雪白으로 뒤덮인 샤스타산은 지평선 위에서 대담한 자태를 뽐내고 있었다. 펄은 《베일 벗은 미스터리》에서 갓프리 레이 킹이 샤스타산에서 세인트 저메인과 만난 장면을 읽은 후로 줄곧 그 산에 이끌렸다. 1956년 휴가 때 펄과 제리는 차를 타고 가다 펄이 자랐던 도리스의 험준한 마을을 지나쳐 갔다. 샤스타산은 100km 떨어진 곳에서부터 그들을 마치 자석처럼 끌어당기고 있는 것 같았다. 그날 느지막이 그들은 샤스타산의 기슭에 있는 제분소들이 많은 작은 마을에 도착했다.

그들은 동시에 서로를 쳐다보면서, 둘 다 같은 생각을 하고 있다는 것을 깨달았다. 그 생각은, 이 산으로 이사 와야 한다는 것이었다. 그들은 살 집이 있는지 알아보기 위해 부동산 중개인에게 전화를 걸었다. 만약 그들이 반드시 이사해야 할 상황이라면 일은 쉽게 풀릴 것이다. 그들은 이 욕구가 단순히 스쳐 가는 변덕스러운 욕구가 아니라 마스터의 계획이라는 것을 알고 있었다.

부동산 중개업자의 집요한 소개에도 불구하고, 그들은 그가 소개해 준 어떤 집에서도 매력을 느끼지 못했다. 그렇지만 언뜻 우연처럼, 그들은 우뚝 솟은 상록수 아래에 있는 작은 오두막집에 여러 번 들르게 되었다. 그 집은 매매 중인 집은 아니었지만, 중개사가 집주인에게 전화해 보니 집주인 역시 그 집이 팔리기를 원하고 있었다. 펄과 제리는 그 상황이 그들 내면의 느낌과 일치한다는 것을 느끼며 틀림없는 안내의 신호라는 것을 알아차렸다. 그래서 그들은 낮은 가격으로 흥정을 시도했고, 제안은 즉시 받아들여졌다.* 그들은 큰 노력 없이 신비주의적 구도자들에 둘러싸인 전설적인 마을로 이사할 수 있었.**

그들이 샌타 로자에 있는 목장을 팔자 엣지우드Edgewood 근

---

* 펄은 많은 거짓 목소리와 참된 안내를 구분하는 유일한 방법은 가슴속의 느낌을 따르는 것이라고 자주 말했다.

** 전 세계의 7대 신비주의적인 산 중 하나로 알려진 샤스타산에는 마담 H. P. 블라바스키Blavatsky, 메허 바바Meher Bana, 스와미 비베카난다Swami Vivekananda, 마타 암리타난다마이Mata Amritanandamayi, 존경받는 많은 티베트 라마들 등 유명한 영적 스승들이 방문했었다.

처에 작은 목장을 살 수 있을 만큼 충분한 돈이 남았다. 그들은 새로 산 집을 세놓고 목장으로 이사했다. 펄은 다시 펄펄 찌는 부엌에서 과일과 채소 통조림을 만들고, 일꾼들을 위해 점심을 준비하며 용암이 스며든 거친 땅에서 제리가 울타리의 구멍 파는 일을 도왔다. 그들은 해충들이 기둥에 구멍을 파지 않도록 200L짜리 드럼통에서 기둥들을 새까맣게 태웠다. 그들이 열심히 세워놨던 울타리는 오늘날까지도 여전히 사용되고 있다.

펄과 제리가 세워 둔 엣지우드의 목장 울타리

125

몇 년이 지난 후에 그들은 산의 동쪽에 있는 버니Burney 마을로 다시 이사하게 되었는데, 제리는 다른 목장에 관리인으로 고용되었다. 그곳에 살면서 그들은 모텔 운영을 위한 통신 강좌를 들었다. 그들은 그 과정을 이수하긴 했지만, 여전히 실제적인 경험이 부족했다. 어느 날 차를 몰고 가던 중에, 그들은 작은 모텔에 가서 모텔 주인에게 제안을 하나 하기로 했다. 그들은 경험을 쌓을 겸 주말에 모텔을 무급으로 봐주기로 했다. 20년 전 그 모텔을 산 이후로 모텔 주인은 한 번도 쉰 적이 없었기 때문에 아주 기뻐하면서 서둘러 그곳을 떠났다.

하루가 끝날 즈음, 펄은 자신이 지나가는 차에 축복을 보내면 대부분의 차가 멈춰 돌아와 방을 빌린다는 것을 알아차렸다. 이 일은 모텔이 꽉 찰 때까지 몇 시간 동안 계속되었고, 그녀는 '빈방 없음' 표지판을 걸어 놓았다.

일요일에 돌아온 모텔 주인은 충격을 받았는데, 그들이 수년간 모텔을 운영하면서 한 번도 방이 꽉 찬 적이 없었기 때문이다.

"도대체 무슨 일을 한 거죠?" 여주인이 물었다.

"아, 그냥 사람들에게 사랑을 보냈어요." 펄이 대답했다.

머지않아, 버니의 목장 주인은 자신들이 직접 목장을 운영하게 되어 더는 제리가 필요하지 않다고 했고, 펄과 제리는 샤스타산에 있는 그들의 집으로 다시 이사했다. 그들은 여전히 생계를 꾸려야 했기 때문에 그들이 일을 도와줬던 모텔로부터 훌륭한 추천서를 받아 샤스타산 남부 대로에 있는 마운틴 에어 모텔(Mountain Air Motel, 현재 샤스타 여관)을 관리하는 일자리를 함께 얻게 되었다. 그리고 펄의 영적인 임무가 시작되었을 때, 제리는 던스뮈어 근처의 샤스타 로얄 모텔에 취직했다. 그러다 세인트 저메인 재단이 그 모텔을 사들여서 그곳을 I AM 성소로 바꾸었을 때, 그는 샤스타산으로 돌아가 트리하우스 모텔에서 일하게 되었다. 이로 인해 펄은 생계로부터 자유로워졌고, 마스터들이 곧 보낼 학생들을 맞이할 준비를 할 수 있었다.

제20장

하이트 애쉬베리

펄이 갓프리 레이 킹과 함께 상승 마스터들에게 봉사하며 영적인 가속화(acceleration)를 받은 이후에, 펄과 제리는 1950년대의 평범한 삶으로 다시 돌아간 것처럼 보였다. 비록 그들이 깊은 내면의 지혜를 성취했었더라도 서구 문명은 쾌락에 대한 집착, 고통의 회피, 명예의 추구, 익명성의 회피, 숭배의 추구, 비난의 회피, 이익의 추구, 상실의 회피라는 8개의 세속적인 다르마들, 즉 이 지구로 계속해서 환생하게 만드는 것들만을 추구하며 살아가고 있었다.

이러한 세속적인 삶의 목표들은 생존을 위해 고군분투해야만 했던 대공황기를 거쳐 성장한 세대들에게는 이해가 갈 만한 것이었는데, 이 세대의 많은 이들은 잠잘 곳과 하루 세끼의 끼니를 때울 수 있으면 다행이었기 때문이다. 그리고 제2차 세계대전이 터졌다. 전쟁이 끝나고 남자들이 고향으로 돌아왔을 때, 세상은 이제 예전과는 달랐다. 여성들은 그들의 독립성을 증명해 냈고, 관계의 낡은 방식들은 더는 통하지 않았다. 사람들은 어떻게 서로 의사소통을 해야 할지 몰랐고, 그 대신 그들의 감정을 억눌렀다. 아이들은 부모 세대의 고통을 느낄 수 있었고, 그것에게서 탈출하기를 갈망했다.*

그 자유의 약속은 60년대에 마약, 섹스, 로큰롤의 형태로 찾아왔다. 그 당시는 '너 자신의 것을 하라'(do your own thing)는 시대였고, 티모시 리어리Timothy Leary와 같은 사람들은 '마약에 취하라, 삶의 새로운 방식에 동조하라, 기존의 방식을 버리라'(turn on, tune in, and drop out)고 말하던 때였다. 불행하게도, 깨달은 존재들의 어떠한 안내도 받지 못한 많은 사람은 단순히 마약에 취해 기존의 방식에서 벗어나 탈선했다. 그들은 어떤 동조도 하지 못했다. 아이들은 집을 나가거나 쫓겨났고, 공동체에 참가하거나 경험을 통한 진리 추구의 구도 여정을 떠났다. 많은 사람이 샌프란시스코, 특히 히피 문화의 보금자리가 된 하이트

---

* 존 웰우드John Welwood는 해결되지 않은 정서적 문제들을 대면하지 않기 위해 영성을 이용하는 이런 경향을 '영적 우회'라는 용어를 사용하여 설명했다. 그의 저서 《Toward a Psychology of Awakening》(Shambhala, 2002)를 참고하라. 더불어, 로버트 아우구스투스 마스터스Robert Augustus Masters의 《Spiritual Bypassing》(North Atlantic Books, 2010)을 참고하라.

애쉬베리Haight-Ashbury에 모여들었다. 마마스 앤 파파스The Mamas and Papas 같은 록 그룹들은 캘리포니아 드리밍California Dreamin'과 같은 노래로 이 지역을 더욱 유명하게 만들었다.

1969년 어느 날, 펄과 제리가 마치 우연처럼 이 상황에 휩쓸리는 일이 일어났다. 그들은 샌프란시스코를 통과하는 지름길로 운전을 하고 있었다. 그러나 그들은 골든 게이트 파크에서 열리는 록 콘서트로 향하는 히피들의 인파로 인해 하이트 거리에 갇혀버렸다. 턱수염을 기른 맨발의 남자가 마리화나를 피우며 자동차 후드를 쾅쾅 내리쳤다. 제리는 얼어붙었지만, 그 남자가 웃으며 소리쳤다. "이봐, 긴장 풀어!"

"어서 창문을 닫아요." 제리가 펄에게 소리쳤다. "이 사람들 위험해 보여요."

구식 원피스를 입고 구슬이 박힌 머리띠를 한, 어느 소녀가 펄에게 다가와 창문에 몸을 기대며 꽃을 건네주었다.

"사랑해요." 큰 갈색 눈을 가진 그 소녀가 펄의 눈을 쳐다보면서 말했다.

"아, 감사합니다." 펄은 깊이 감동한 채, 웃으며 대답했다.

히피들의 행렬을 지켜보던 펄은 자신의 내적 현존이 다음과 같이 말하는 것을 들었다. "이들이 바로 너의 사람들이다."

이 말이 무슨 의미인지 곰곰이 생각하던 그녀는, 일전에 세인트 저메인이 했던 말을 떠올렸다. "앞으로 젊은이들이 크고 활짝 열린 눈으로 너에게 찾아올 것이고, 그들은 하룻밤 새에 갑자기 영적으로 깨어나게 될 것이다."

"그게 이 사람들인가?" 펄은 궁금해졌다.

그해 여름, 록 그룹 크로스비, 스틸스 앤 내쉬Crosby, Stills and Nash가 샌프란시스코에서 공연하고 있었고, 밴드의 리드 기타리스트 데이비드 크로스비David Crosby의 형제인 이든Ethan이 얼마 지나지 않아 샤스타산으로 이사했다. 그는 이 새로운 세대 중 처음으로 펄의 거실에 앉은 사람 중 한 명이 되었다.

그레이트풀 데드(미국의 록 밴드들 중 하나)가 탄생한 샌프란시스코 애쉬베리 거리 710번지에서, 록 밴드들(1967년)

제21장

마스터가 보낸 두 사람

펄과 제리는 세인트 저메인 재단에 몸담았던 과거의 활동들을 누구에게도 말하지 않고 조용한 삶을 살고 있었다. 로터스는 샤스타산에 세인트 저메인 재단의 주요 지부를 만들었지만 그들의 회원들은 이상한 복장 규정과 비회원을 얕보는 오만함 때문에 지역 주민들에게 종종 의심의 눈초리를 받았다.

1800년대에는 각기 다른 아홉 개 부족의 아메리카 원주민들이 산과 가까운 곳에서 살고 있었다. 1820년에는 많은 백인 이주자들이 이 지역으로 왔으며 광부, 벌목꾼, 방앗간 일꾼, 그리고 계곡에 과수원을 만든 이탈리아 사람들이 빠르게 정착했다. 딸기로 유명했던 이곳은 한때 스트로베리 밸리Strawberry Valley로 불리다가 베리베일Berryvale, 그리고 시슨Sisson이라고 불렸다. 그러다 1905년에는 마침내 샤스타산 마을로, 1925년에는 샤스타산시로 편입되었다.

펄의 활동은 1972년 10월 20일, 그녀의 생일에 짐Jim과 텔로스Telos라는 두 젊은 구도자가 그녀를 찾아온 것으로 시작되었다.* 그들은 오리건주 애슐랜드Ashland에서 북쪽으로 100km 정도 떨어져 있는 중용형이상학(Golden Mean Metaphysical) 서점에 들러 상승 마스터들에 관해 물어본 적이 있었다. 서점 주인 맥신 맥멀런Maxine McMullen은 프랜 루이스Fran Lewis가 그들에게 어느 정도 안내를 해줄 수 있을 것 같다고 생각하며 그녀의 전화번호를 알려주어 그들을 샤스타산으로 보냈다. 그들이 마을에 도착했을 때, 프랜은 자신의 친구인 펄의 생일파티에 참석해 있었으므로 그들에게 그곳으로 오라고 했다.**

펄은 파티를 좋아하진 않았지만 프랜이 자신의 초창기 지지자 중 한 명이었기 때문에, 프랜이 그녀를 위해 열어준 파티에

---

* 텔로스는 미국 남서부의 포 코너스Four Corners 지역에 위치했던 것으로 추정되는 신비로운 도시, 텔로스에서 따온 이름이다. 이는 《Secret Place of the Lion》(Neville Spearman, 1958)의 저자 조지 헌트 윌리엄슨George Hunt Williamson의 주장에 따른 것이다. 후안 후누가 소설에서 읽은 인물인 샤룰라Sharula라는 이름의 심령술사는 후에 이 도시를 샤스타산으로 옮겼다고 한다. 후안 후누(Juan Hunu, www.Smashwords.com, 2012)가 쓴 《Mount Shasta Myths Exploded》를 참조하라.

** 프랜 루이스, 테드라Thedra 수녀, 왈리Wali 수녀는 모두 앞에 언급된 후안 후누의 책에도 나와 있듯이, 로스앤젤레스 최초의 뉴에이지 구루들 중 한 명인 크리슈나 벤타Krishna Venta의 제자들이었다. 1958년 그가 세상을 떠난 후 이 세 여성은 샤스타산으로 이주했고, 여전히 그가 그리스도라고 믿으면서 그를 채널링하기 시작했다.

참석해야만 한다고 느꼈다. 파티에는 겨우 여섯 명만 있었지만, 펄은 짐과 텔로스의 얼굴을 보고 깜짝 놀랐다. 그들의 얼굴이 최근 그녀의 꿈에 나타났었기 때문이다. 그녀는 그 꿈을 아무에게도 말하지 않고 최대한 공손하게 파티장을 떠났다. 그녀가 집에 도착하자마자 문을 두드리는 소리가 들렸다. 그녀가 문을 열자 짐과 텔로스가 서 있었다.

"아, 깜짝이야! 무엇 때문에 여기까지 오셨죠?" 펄이 물었다. "그리고 내가 사는 곳을 어떻게 알았죠?"

"우리는 당신을 뒤따라왔어요." 그들이 좀 창피해하며 말했다. "우리는 상승 마스터들에 대해 알고 싶어요. 우리가 당신의 에너지를 느꼈을 때, 우리는 당신이 틀림없이 그들과 접촉하고 있다고 생각했어요. 부디 당신이 알고 있는 걸 말해줬으면 해요."

펄은 머뭇거리며 그들을 집 안으로 초대했고, "당신들과 그렇게 많은 시간을 보낼 수가 없어요. 지금 남편이 직장에서 일하고 있는데, 좀 있으면 집에 돌아올 거예요."라고 말했다.

그녀는 그들에게 마스터들, 특히 세인트 저메인과 그의 I AM 가르침에 대해 간략하게 알려주었다. 그녀는 그들의 마음을 진정시키고 의식을 내면으로 향하게 하여 그들이 자신의 I AM 현존과 접촉하는 것을 도와주었다. 그들은 신성의 빛을 느끼고 깊이 감동했고, 펄에게 감사해하며 집을 나섰다. 문 앞에서 머뭇거리며 그들이 물었다. "언젠가 다시 들러도 될까요?"

"그래요. 언젠가." 그녀는 다음 주말에 그들이 아는 모든 친구가 차 안 가득 타고서 자신을 찾아올 것이라고는 꿈도 꾸지 못한 채 대답했다. 예순일곱 번째 생일, 그녀의 진정한 활동이 이제 시작되었다.

왼쪽부터 메리 캐롤 도언Mary Carol Doane, 펄 도리스Pearl Dorris, 빌 가움Bill Gaum, 저자, 데비 캐머러Debbie Kaemmerer, 1985년경

제22장

펄과 나의 만남

길의 끝에 이르자 높은 울타리에 둘러싸여 있는 집이 보였다. 그녀의 집은 소나무 숲 아래에 자리 잡은 동화 속의 집처럼 보였다. 나는 마치 나 자신을 영원히 새롭게 변형시키게 될 사원으로 들어가는 것처럼, 약간의 불안감을 느끼며 장미꽃으로 덮인 트렐리스 사이를 걸어갔다. 돌이 깔린 길의 끝에 다다르자 나는 윗부분이 둥근, 떡갈나무 문 앞에 이르렀다. 그리고 그 앞에 서서 망설이다 쇠로 만든 문고리를 흔들었다.*

날카롭고 헤이젤 색깔의 눈을 가진 대략 60대로 보이는 친

---

* 이 장은 부분적으로 나의 자서전 《마스터의 제자》(Apprentice to the Masters) 3장에서 발췌한 것이다.

절해 보이는 여성이 문을 열었다. 마치 부엉이가 바라보듯이, 그녀는 나를 주의 깊게 응시하면서, 문에 서 있었다. "들어오세요, 당신을 기다리고 있었어요."

"나를 기다렸다고요?" 내가 대답했다. 나는 그녀가 나를 아늑한 거실로 안내해 주며 그녀의 맞은편 의자를 가리키는 동안에 이미 평범한 현실이 사라지는 것을 느끼고 있었다.

"마스터 세인트 저메인이 오늘 아침에 내게 와서, 어떤 사람을 내가 만날 수 있게 여기로 보낸다고 말씀하셨죠." 그녀는 인류의 운명을 수백 년 동안 안내해 온 것으로 잘 알려진 마스터가 매일 그녀에게 나타나는 것이 너무 당연하다는 투로 이야기했다.

"그가 그렇게 말했다고요?" 나는 어쩌면 그가 뒷방에 있을 수도, 또 언제든 여기로 올 수도 있다는 생각에 침을 꿀꺽 삼켰다. 펄이 나를 더 가까이 불렀다.

"나는 당신을 계속 기다리고 있었어요."

나는 그녀 옆 테이블에 올려져 있는 〈리더스 다이제스트〉 Reader's Digest 잡지와 벽에 걸려 있는, 숲에서 뛰어노는 사슴이 수놓아진 태피스트리를 보며 문득 궁금해졌다. '그 모든 나의 방랑 후에, 즉 인도에서 거의 벌거벗은 채로 얼굴에 재와 컬러 페이스트를 덧칠하고 드레드락 머리를 한 구루들의 발치에 앉아 있던, 나의 방랑 후에, 하나님이 정말로 이 외딴 마을로 나를

데려와 할머니 같은 이 가정주부에게 영적인 가르침을 받게 한단 말인가?'

"인도에서 누구를 만났나요?" 펄이 물었다.

"지난 2년이 넘도록 나는 다양한 성자와 현자들을 만났어요." 나는 설명했다. "님 카롤리 바바Neem Karoli Baba, 아난다마이 마Anandamayi Ma, 시바발라 요기Shivabala Yogi, 그리고 다른 많은 사람도 있었어요. 가장 최근에는 사티야 사이 바바Sathya Sai Baba를 친견했었죠."

내가 사이 바바를 언급하자 그녀는 얼굴이 밝아지면서 이렇게 소리쳤다. "아, 그는 정말 아름다워요!"

"그를 느낄 수 있나요?" 내가 물었다.

"그가 느껴지지 않나요? 바로 이 방에 계시는데."

불현듯, 주의를 내면으로 돌리자 나는 그를 느낄 수 있었고 갑자기 눈물이 쏟아질 것 같은 느낌이 들었다. 나는 두 달 전 그의 발 앞에 앉은 이후로는 그의 강렬한 사랑을 느끼지 못했다.

"어떻게 한 거죠?" 내가 물었다.

"뭘 해요?"

"어떻게 그를 이곳에 오게 한 거죠?"

"나는 그저 상승 마스터에게 사랑을 보낼 때와 같은 방식으로 그에게 사랑을 보냈을 뿐인데, 그가 응답을 주신 거죠. 이것이 바로 그들 존재의 법칙입니다. 당신이 그들에게 사랑을 보내면 그들은 당신에게 이끌리게 됩니다. 나는 '사이 바바, 나는 당신을 사랑하고 당신에 대해 더 알고 싶어요.'라고 말했고 그가 거기에 응답해 주신 겁니다."

사이 바바의 다르샨darshan을 받아 사랑의 파동이 넘쳐흐르는 채로, 우리는 축복 속에 앉아 있었다. 그러자 갑자기 펄이 나를 올려다보며 물었다. "그런데 저기 있는 분은 누구시죠?"

"누구 말씀이세요?"

"지금 이곳엔 인도에서 오신 다른 마스터가 계세요. 그는 터번을 두르고 당신 옆에 서 계시죠. 나는 그가 누구인지 묻고 있는 거예요."

그녀는 침묵에 빠져 잠시 마룻바닥을 바라보다가 고개를 들었다. "비베카난다Vivekananda라는 분이 당신에게 어떤 의미가 있나요?"

"아, 네. 그는 미국에 요가를 소개한 최초의 인도 요기였고 내가 처음으로 영적인 영감을 받은 분이었어요."

"그런데, 위대한 존재가 한 분 더 계세요." 펄이 내 반대편을 향해 고갯짓하며 말했다. "이분은 전에 한번 뵌 적이 있는데, 그가 몸을 떠난 날이었어요. 그의 이름은 스리 오로빈도Sri Aurobindo입니다."

펄은 꼼짝하지 않고 앉아서 주의를 내면으로 돌린 채, 바닥을 내려다보다가 말했다. "이 위대한 존재들이 오늘 당신과 함께 이곳에 온 데는 몇 가지 큰 이유가 있습니다. 동양과 서양을 하나로 통합하는 그들의 임무를 당신이 계속 이어나가야 한다는 것을 그들이 보여주고 있어요. 나는 이런 경험이 처음이에요."

우리는 인도에서 온 이 위대한 세 영혼의 축복을 느끼면서 말없이 앉아 있었다. 그러다 펄이 말했다. "명상하실래요?"

"물론이죠." 나는 바닥으로 미끄러져 내려가서 인도에서 배웠던 연화 자세로 앉기 위해 다리를 꼬았다.

"명상하기 위해서 바닥에 앉을 필요는 없어요." 펄이 웃으면서 말했다.

"정말로요?"

"그럼요. 의자에 앉아서도 명상할 수 있어요."

"좋아요. 한번 해볼게요." 나는 허리를 곧게 펴고 의자에 앉음으로써 엄격한 요가 전통을 저버리고 있다고 느끼며 말했다. 내가 눈을 감자 펄은 또 다른 말로 나를 충격에 빠뜨렸다. "명상하면서 눈을 감을 필요도 없어요."

'뭐? 이건 너무하잖아.' 나는 생각했다. '이렇게 하는 건 서양인들이 너무 게을러서 그런 거야. 어떻게 눈을 뜨고 의자에 앉아서 명상을 할 수가 있지?' 나는 비록 그녀의 말이 내가 배웠던 모든 것과 모순되긴 했지만, 그냥 그녀의 지시를 따르기로 했고, 내 시선을 마루의 한 지점으로 낮추었다.

"눈을 위로 뜨세요." 그녀가 내 명상을 바로잡아 주었다. "우리는 눈을 뜬 채로, 서로의 눈을 바라보면서 명상할 거예요. 열린 시야는 순환을 완성하죠. 이제, 당신의 주의를 내면으로 돌리고 당신 존재의 중심을 느껴보세요. 당신 존재의 근원인 내면의 엄청난 빛을 느껴보세요."

그녀가 시킨 대로 하자, 나는 가슴 중심이 되살아나는 것을 느꼈다. 내가 그녀 쪽을 바라보자 그녀는 자신의 가슴에서 나오는 에너지를 나에게 보내고 있는 듯했다.

"자, 이제 자신에게 고요히 말하세요. '나는 살아있는 빛이다.(I AM the Living Light)' 그런 다음 당신의 내면에 있는 태양을 심상화하세요."

나는 그녀가 시키는 대로 하면서 그녀를 바라보는 내내, 내 의식을 더 깊은 내면으로 돌렸다. 그리고 내가 '나는 살아있는 빛이다'라고 말하자 방 안으로 한 줄기 빛이 번쩍였다.

"바로 이거야!" 나는 놀라움에 소리쳤다.

"뭐가요?" 그녀가 물었다.

"빛 말이에요! 내가 실제로 책에서 읽었고 모든 사람이 말했던 그 빛을 드디어 보게 됐어요. 이전에 내적으로는 이 빛을 본 적이 있지만, 이 빛이 실제 밖으로 나온 적은 없었어요. 이것이 내가 간절히 찾고 있던 겁니다. 나는 이 빛을 찾기 위해 세계

곳곳을 여행했었는데, 바로 지금 이곳에 있잖아요."

"방금 당신은 내게 해답을 주었어요." 펄이 말했다.

"무슨 해답 말이죠?"

"사람들이 내 방식이 너무 단순하다고, 그것을 포기하고 동양의 방식을 따르라고 했어요. 그래서 세인트 저메인께 내가 그렇게 하는 것이 맞는지 물어왔는데, 그가 오늘 아침에 '오늘 답을 듣게 될 것이다'라고 말해주었죠. 당신이 그가 약속했던 답을 내게 준 겁니다."

샤스타산에 있는 펄과 제리의 집(지금은 보라색으로 칠했다.) 2014년

제23장

세인트 저메인을 부르는 우리

"그래, 오늘 어떻게 해서 나를 찾을 수 있었죠?" 펄이 물었다.

나는 그녀에게 뮈어 우즈Muir Woods에서의 내 경험을 말해주었다. 나는 미스터리한 어떤 이방인과 만나게 되었는데, 그는 허공에서 물질화되어 나타나 나를 에테르 차원계로 데려갔다. 내가 바라기만 했다면 그는 나를 그 영역에 남게 해주었을 테지만, 인류의 고통을 본 순간 나는 지구로 다시 돌아와 인류를 도와줄 수밖에 없었다. 뮈어 우즈로 다시 돌아왔을 때 나는 그가 평범한 존재가 아니라는 것을 깨달았다. 그때 그는 내 눈앞에서 흰옷을 입은 마스터로 변했다. 그는 내가 올바른 선택을

했고, 이제 우리는 더 가까이서 함께 일하게 될 것이라고 말했다. 그리고 그는 떠나면서 "샤스타산으로 가라. 거기서 처음으로 만나는 사람이 다음에 뭘 해야 할지 말해줄 거다."라고 말했다. 그렇게 처음으로 만난 사람은 건강식품 가게의 스테판 Stephen이었다. 그는 내게 이렇게 말했다. "당신은 펄을 만날 필요가 있어요."*

놀라는 기색도 전혀 없이 장난기 어린 눈을 반짝이며 펄이 물었다. "뮈어 우즈에 나타난 그 낯선 이가 누구라고 생각하세요?"

나는 턱을 들어 벽에 걸린 세인트 저메인의 초상화를 가리켰다.

"그는 지금 여기에 계시며, 당신을 돕고 싶어 하세요." 그녀가 말했다.

"그가 뭐라고 말씀하시나요?" 나는 이 마스터가 갑자기 뜬금없이 내게 너무나 많은 관심이 있다는 사실에 놀라며 물었다. 그리고 나는 궁금해졌다. '그는 내가 평생 시련 속에 헤매고 다닐 때 어디 있었던 걸까? 도대체 왜 이제 와서 나타난 걸까? 내가 과거에 하나님께 기도했지만 아무런 응답을 듣지 못했을 때, 그는 어디에 있었던 걸까?'

"나는 그가 무슨 말을 하는지 말해줄 수 없어요. 왜냐하면

---

* 마스터의 제자(Apprentice to the Masters) 3장에서 발췌한 것이다.

나는 마스터들의 말을 채널하는 사람이 아니기 때문이죠." 펄이 이야기했다. "마스터들은 아주 드문 경우를 제외하고는, 그들의 제자들이 채널하는 것을 허락하지 않습니다. 왜냐하면 신적 존재들인 마스터들은, 그들이 원하는 바를 당신의 가슴에 직접 전달할 수 있기 때문이죠. 그들이 말하는 것을 당신의 귀나 마음으로 듣지 못할 수 있는데, 왜냐하면 당신의 마음이 그들이 전하고자 하는 메시지를 방해하거나 논리적인 논쟁을 하려고 할 것을 그들이 잘 알기 때문이죠. 대신에, 마스터들은 당신의 상위 자아에 정보들을 전달해서, 당신이 필요할 때 직관적으로 그 정보들을 접근하도록 해주시는데, 당신은 이 정보들이 마치 자기 자신한테 나온 것처럼 느끼게 되지요."

나는 작년에 세인트 저메인이 누구인지도 모른 채, 그와 산에서 논쟁을 벌였던 사실이 떠올라 부끄러워졌다. 그는 좀 더 에테르적인 형체로 다가와 내 마음에 직접 말을 걸어서 내가 하고 싶어 하지 않는 다른 많은 일뿐만 아니라 내 이름까지도 바꾸라고 했다. 그러니 마스터들이 사람들에게 미래를 말해주길 꺼리는 것은 당연한 일이다. 그것은 대부분 사람들이 원하는 미래가 아니기 때문이다. 이제 펄은 내가 어떻게 세인트 저메인과 내적으로 접촉할 수 있는지, 그리고 어떻게 그의 의식과 합쳐질 수 있는지 말하고 있었다.

"내면으로 들어가 당신 존재의 중심에 의식을 집중하고 당신 자신 안에 있는 세인트 저메인의 현존을 확신하며, 그의 가슴과 당신의 가슴이 하나라는 사실을 알고서 그에게 사랑을 보내세요. 당신은 그의 현현을 느끼게 될 것입니다. 그렇게 되면 그가 당신의 가슴을 통해 당신과 직접 일할 수 있는 길이 열릴 것입니다."

나는 눈을 감았는데, 펄은 다시 한번 다음과 같이 지시했다. "눈을 뜨세요! 그저 당신 존재의 중심으로 의식을 집중한 채 당신 자신에게 조용히 이야기하세요. '나는 세인트 저메인의 현현입니다!'(I AM the presence of Saint Germain!)"

"당신 가슴 안에 있는 태양을 느끼고, 그 태양 안에서 그의 현존을 느껴보세요. 당신은 자신이 그 마스터라고 주장하는 것이 아니라 마스터의 의식이 당신의 의식과 하나임을 느끼는 것을 배우고 있는 겁니다."

"마스터들은 당신과 떨어져 있는 존재들이 아닙니다." 펄이 계속했다. "그들에게는 시간이나 공간이 존재하지 않습니다. 당신이 있는 그곳에, 언제나 그들이 함께 있습니다. 세인트 저메인과 하나가 되는 것이 가능한 이유는 제7광선의 에너지가 당신 안에 이미 있기 때문이고, 세인트 저메인이 이 광선의 초한Chohan, 즉 지휘자이기 때문입니다. 이 에너지는 당신의 일부입니다. 당신이 불러오는 당신 자신의 내적 무지개 같은 것이죠. 이것은 마스터가 상응하시는 당신 자신의 일부인 것입니다."

"낮의 햇빛이 스펙트럼의 일곱 색깔로 이루어져 있는 것처럼, 당신도 창조의 일곱 광선으로 이루어진 존재입니다. 비록 우리가 지금은 제7광선만을 불러오고 있지만, 각각의 광선마다 초한을 맡으신 상승 마스터들이 있죠."*

"그는 지금 당신을 보고 계십니다. 그의 도움을 원하고, 그를 당신의 삶 속으로 불러들이고 싶다면 그에게 요청해야 합니다. 마치 예수께 도움을 청하는 것처럼 말이죠. 세인트 저메인과 접촉하고 싶다면 당신의 내면으로 들어가 가슴을 열기만 하면 됩니다. 이 두 마스터는 함께 일하는 형제와 같은 존재들입니다. 마스터는 당신을 그들과 분리된 존재로 보지 않고 그 자신의 일부로 봅니다. 그러니 마스터를 부르고 그에게 요청하는 것을 주저하지 마세요. 당신이 '나는 여기에 있고, 저기에도 있으며, 이 세상 모든 곳에 있다'(I AM here, I AM there, and I AM everywhere)라고 말할 때, 당신은 그의 의식과 접촉하게 되는 것입니다. 이것은 하나 안에 모두가 있고, 모두 안에 하나가 있음을 알아차리는 것입니다."

나는 펄이 말해준 대로, 나 자신의 내면으로 들어가 반복해서 말했다.

---

* 제7광선은 다가오는 물병자리 시대의 광선이다. 광선들에 대한 자세한 내용은 앨리스 베일리Alice A. Bailey의 《The Rays and the Initiations》(Lucis Trust, 1960)를 참조하라.

나는 세인트 저메인의 현현이다.

처음에는 민망한 고요뿐, 나는 아무것도 느낄 수 없었다. 그러나 몇 분 후 나는 짜릿하게 전기적으로 느껴지는 현존과 함께, 내 가슴 안에서 행복의 샘물이 솟아오르는 것을 느꼈다. 방의 대기에는 보랏빛이 차오르는 것처럼 보였다. 이 변화를 즉시 알아챈 펄이 이야기했다. "바로 이것이 마스터 세인트 저메인입니다. 그는 매우 행복해하고 계십니다. 그는 활기(verve)를 지니고 있는데, 이 단어는 활력(vitality)과 용기(nerve)를 합친 말입니다. 이 말은 유머 감각과 함께, '힘을 내자'(let's get with it, 힘을 낸다는 뜻과 지금 바로 일에 착수하자는 두 가지 뜻을 지님. 역주)는 뜻입니다."

나는 마스터들이 항상 심각하다고 생각했지만, 지금은 세인트 저메인이 웃고 있다는 것을 알았다. 나는 나 자신의 웃음을 참느라 애를 먹고 있었다.

"마스터들도 웃으시나요, 펄?"

"네, 세인트 저메인은 대단한 유머 감각이 있죠. 사실은 지금도 그가 웃고 계세요."

마침내 내가 이런 생각들을 내려놓자 한 줄기 에너지가 내 머리의 정수리를 통해 가슴 중심으로 쏟아져 들어오기 시작했고, 곧 내 몸은 빛으로 차올랐다. 나는 내 존재의 중심 안에서 울려 퍼지는 확언을 반복해서 들었다.

나는 스스로 존재하는 자이다.
나는 스스로 존재하는 자이다.
나는 스스로 존재하는 자이다.
(I AM THAT I AM...I AM THAT I AM...I AM THAT I AM.)

 이 근원의 의식이 내 가슴 안에 내려와 닻을 내렸다. 점점 더 방 안의 보랏빛이 강해지고 있었다. 나는 계속해서 펄의 두 눈을 마주 보고 있었다. 놀랍게도 그녀의 육체는 밝게 빛나는 금빛 구로 변하는 것처럼 보였다. 이 무시간의 자각 속에서 과거와 미래는 사라졌고 오로지 지금만이 남았다. 그리고 우리는 내적 태양의 빛을 쬐고 있었다.
 이 빛이 서서히 사라지면서, 나는 다시 내 육체와 내 앞에 앉아 있는 펄을 인식하게 되었다. 이 내적 변화들이 인도 성자들의 발밑에서가 아니라 이 나이 든 여성의 거실 의자에 앉아 있을 때 일어났다는 것이 믿어지지 않았다. 나는 벽에 걸린 태피스트리에 수놓아진 사슴과 나를 짓궂게 바라보고 있는 목각 엘프들이 책꽂이에 걸터앉아 있는 풍경을 다시 둘러보았다. 펄은 마치 내 마음속을 들여다보고 있었던 것처럼, 조금 전의 나의 내적 경험에 관해 설명하기 시작했다.
 "비록 직접적인 가르침을 듣지 못했다고 하더라도, 당신은 조금 전 마스터가 당신의 상위 정신체(Higher mental body)에 액체의 빛(liquid light) 형태로 주신 영적 인도와 격려 그리고 에너지적인 영양분을 받은 것입니다. 때가 되면 당신은 그가 준 정보들에 접근할 수 있게 될 것입니다. 만약 마스터께서 더 직접적인 메시지를 주셨다면, 당신의 마음은 그것에 지적으로 접근하여 오히려 진정한 이해로부터 멀어졌을 것입니다. 내가 당신에게 채널링을 해준다면 그것은 당신을 더 나약하게 만들고, 당신 자신의 내면보다 바깥의 권위를 찾게 할 것입니다. 마스터들은 당신이 내면에서 답을 찾길 바라십니다. 그리고 이런 방식은 당신을 마스터들의 영원한 추종자가 아닌, 당신 자신이 마스터가 되도록 만들 것입니다."

"드문 경우지만, 마스터들은 나의 스승이었던 갓프리 레이킹과 같이 영적으로 높이 진화한 영혼들을 통해 가르침을 주시기도 합니다. 그렇지만 그럴 때조차도 마스터들은 사람들에게 두려움을 주는 예언이나, 가르침을 받는 이들이 다른 사람들보다 더 우월하다고 느끼게 만드는 거창한 비밀 입문 과정 같은 것들이 아닌, 그들이 반드시 알아야 할 영적 법칙과 그들의 신성에 대한 자각을 더 높이는 영적 에너지를 주기 위해 이러한 방식으로 가르침을 주었습니다.*"

---

* 많은 다른 영적인 단체들뿐만 아니라, 신지학회에서의 불화의 주요 원인 중 하나도 점점 더 큰 축복과 입문을 성취하는 데 있어서 자신의 동료들을 뛰어넘으려는 얄팍한 베일에 가려진 에고의 욕구였다. 펄의 가르침의 아름다움은 예수의 그것과 마찬가지로, 하나님의 왕국이 매 순간 당신 안에 있다는 완전한 단순함에 있었다.

"마스터와의 모든 진실한 접촉은 그 자신의 내면의 실재로 그 사람을 한 걸음 더 다가가게 하고, 그에게 영적인 힘을 주게 됩니다. 오직 거짓된 선지자들만이 자기에게로 모든 관심을 돌리게 하거나, 끝없이 흘러나오는 그들이 가장 중요하다고 강조하는 정보의 홍수로 추종자들을 뒤덮어서, 계속 반복해서 다시 최신의 (그렇지만 실제로는 자신을 아는데 아무 가치가 없는) 메시지를 듣기 위해 돌아오도록 만듭니다."

펄은 계속해서 설명했다 "이런 소위 채널을 통해서 마스터가 주시는 가르침을 듣는 것에 금전적인 요구를 한다는 일에 대해 말하자면, 마스터의 현존 안에서 단 한 번이라도 은혜를 받은 이라면 결코 자신이 은혜(Grace)로 받은 특권을 다른 이들에게 주면서 돈을 요구하지 않을 것입니다. 이것이 바로 당신이 어떤 이가 정말로 마스터를 만났었는지 판단할 수 있는 한 가지 방법입니다. 그들 자신이 은혜로 받은 것에 대해 돈을 받는다는 것은, 이미 은혜에서 멀어졌다는 것을 의미합니다. 영적인 것을 위해 돈을 받았을 때는, 그 안에는 영(Spirit)이 계시지 않다는 것을 알아야 합니다. 나는 지금 영적 가르침을 전하는 데 필요한 강의실이나 여행 중의 음식과 숙박 시설을 위한 약간의 돈을 받는 것에 대해 이야기하는 것이 아닙니다."

"더 나아가서 많은 진지한 채널러들은 자신이 마스터들의 목소리를 채널한다고 생각하지만, 그들 중 대부분은 좋게 이야기해도 자기 자신의 마음의 목소리를 듣고 있을 뿐입니다. 나쁜 경우에는 추종자들의 에너지를 빨아내 기생하는, 마스터로 가장한 낮은 차원의 영적 존재들을 채널하기도 합니다. 이들 채널러들이 말하는 정보들이 때때로 정확하고 또 의식을 고양시키는 듯하더라도, 크게 보면 듣는 이들의 내면에 두려움이나 잘못된 희망 혹은 기대, 그리고 중대한 손해를 끼치기도 합니다. 지구의 낮은 차원에 기생하는 이 존재들은 그들이 식초가 아니라 꿀을 썼을 때 더 많은 파리를 잡을 수 있다는 것을 알고 있습니다. 그래서 이들은 종종 듣는 이들을 잘못된 길로 이끄는 정보를 정확한 관찰과 엮어 당신이 얼마나 지난 생애들에 대단한 존재였는지, 또 가까운 미래에 얼마나 위대한 존재가 될지 같은, 에고를 자극하는 말들로 치장하곤 합니다."

"가장 높은 안내는 지적인 생각에서 자유로운, 무위적 행위(spontaneous action)를 통해 나타납니다. 이것은 당신 존재의 중심에서 어떠한 정신적 해석도 없이 직관적으로 흘러나옵니다. 당신은 오로지 맞는 것을 행하면 되는 것입니다. 당신은 필요할 때 필요한 것을 알게 되고, 어떤 다른 존재의 중재나 해석의 필요 없이 당신의 상위 자아로부터 직접 나오는 대로 행동하면 됩니다."

펄이 잠시 멈췄다가 마스터들이 일하는 방식에 대해 계속 설명했다. "마스터들은 사람들이 인식하지 못하는 상태에서 그들의 안내가 마치 직관이나 갑작스러운 행위의 욕구를 통해 나타나는 것처럼 느껴지도록 사람들을 안내하고 이끄십시오. 왜냐하면 다른 이들을 통해 채널 된 정보를 통해서가 아닌, 오로지 자신의 상위 자아(자존자, I AM THAT I AM)에 직접 연결하는 것을 배울 때 비로소 당신이 마스터가 될 수 있기 때문입니다. 마스터들이 어떻게 마스터가 되었는지 아시겠습니까? 그들은 자신의 상위 자아를 인식하고 의식적으로 연결함으로써 마스터가 될 수 있었던 것입니다. 그리고 당신도 똑같은 방식으로 마스터가 되는 것입니다. 다른 길은 존재하지 않습니다. 그리고 이 길은 하루아침에 이루어지지 않습니다."

"사람들은 책을 읽거나 세미나에 참석하고, 혹은 채널링을 듣고 바로 그 자신이 마스터라고 생각하죠. 그러고는 세미나를 열고 돈을 받습니다. 틀렸습니다. 이 길은 하루아침에 이룰 수 있는 것이 아닙니다. 이 길에서 전진하기 위해서는 자신의 낮은 자아를 극복하고 자신의 상위 자아에 대한 (그리고 마스터들을 향한) 에고의 완전한 복종을 이루기 위한 시간과 노력이 필요합니다. 완전한 복종이야말로 가장 중요한 열쇠입니다. 세인트 저메인은 갓프리 레이 킹에게 다음과 같이 말했었죠. '만약 어떤 이가 완전한 복종을 할 수 있다면, 그가 기차역의 구두닦이 소년이라 할지라도 3년 안에 그의 카르마를 완전히 정화하고 해탈을 이루게 해줄 수 있다'고 말입니다."

나는 세인트 저메인의 이 제안을 듣고는 자리를 고쳐 앉았다. 이를 본 펄은 모두 안다는 미소와 함께 나를 쳐다봤다. "그렇지만 한 가지 주의를 환기할 것이 있습니다. 마스터와 함께 하는 이 길에 일단 들어서게 되면 당신은 가혹한 시험을 받을 것입니다. 이것 하나는 확실하게 말할 수 있습니다. 당신은 마치 면도날 위를 걷는 것처럼 이 길을 걸어가야 할 것입니다. 이 길을 걷다가 다시 예전으로 돌아가려는 사람은 다시 돌아가는 길은 없다는 것을 확실히 알아야 합니다."

펄의 말이 끝나자 나는 침묵 속에서 거대한 힘을 느끼면서 의자에 미동도 없이 앉아 있었다. 이제야 나는 내가 왜 이곳으로 불려왔는지 이해가 되었다. 내 삶 전체가 이 순간으로 이어져 있었다. 세인트 저메인은 내게 자기 완성(self-mastery)의 위대한 작업을 향한 문을 열겠다는 제의를 했었다. 매우 역설적이게도, 마스터가 되기 위해서는 마스터들에 연연하지 말고 자신의 영원한 자아에 거주해야 한다. 마스터들은 그 과정을 지원해 주지만, 실제적인 작업은 각자의 내면에서 이루어지는 것이다.

펄이 한 말들이 내 내면에서 너무나 깊게 공명했기 때문에, 나는 어떤 희생을 감수하고서라도 필요한 어떤 방식으로든 나 자신을 훈련하겠다고 맹세했다. 그 일이 얼마나 어려울지 꿈도 꾸지 못한 채 말이다. 나는 여전히 신성한 에너지로 방 안을 가득 채우고 있는 세인트 저메인에게 나를 제자로 받아주길 요청했으며 그가 내 맹세를 들었다는 사실을 알고 있었다. 그 당시에 나는 얼마나 빨리 그 수업들이 시작될지, 그리고 그 후 몇 년 동안 얼마나 가혹한 시험들을 치러야 하는지 깨닫지 못했다. 그 순간 펄의 거실에 앉아 있던 나는, 내가 마침내 수년 동안 찾아 헤매고 다녔던 신성한 탐구의 길을 이끌어줄 존재를 찾았다는 것을 깨닫고 의식이 고양되는 것을 느꼈다.

밖이 어두워지고 있었다. 우리 만남은 몇 시간 동안 이어졌다. 이제 우리의 시간이 끝났음을 느낀 나는, 그녀가 문을 열어줄 때 줄곧 내 마음에 걸렸던 질문을 던졌다. "펄, 내가 들어왔을 때 왜 나를 기다렸다고 하셨죠?"

그녀의 대답은 놀랄만한 것이었다. "수년 전 나는 새해 전야에 로열 티톤의 은둔처에 이끌려 갔었죠. 거기서 세인트 저메인이 내게 당신을 소개해 주셨고, 그는 미래에 우리가 만나도록 할 것이라고 말했었죠. 당신이 그와 함께 일할 수 있도록 준비시키기 위해서 말이에요."

"그날 밤, 나는 심한 질책을 받을만한 큰 실수를 저질렀어요." 그녀가 말을 이었다. "그로부터 30년 가까이 지난 지금, 나는 마침내 용서를 받게 되었어요. 어젯밤에 내가 불복종했던 한 마스터로의 방문을 받았는데, 그녀가 당신의 도착이 임박했다고 내게 말해주더군요."

"그런데 그녀가 누구였죠?" 내가 물었다.
"여성 마스터 레토이십니다."

펄의 정원에서, 1975년경

제24장

마법 전화기

나는 인도에서 모든 정교한 탄트라적 심상화 훈련을 받은 후에야 비로소 지극히 단순한 펄의 메시지를 받게 되었다는 느낌이 들었다. 그것은 내면의 위대한 빛에 대해 명상하라는, 그리고 현현하고 싶은 비전을 품고 'I AM'이란 말을 사용해 그 비전을 실현하라는 메시지였다. 뭐가 더 있을까? 나는 교사들의 발치 앞에 앉아 열광하는 팬이 아니었기 때문에 그녀를 다시 볼 생각이 없었다.

하지만 어느 날 시내를 드라이브하고 있을 때 나는 펄을 다시 보러 가야 한다는 확실한 느낌이 들었다. 나는 그것을 거부했지만 결국에는 그 느낌이 너무나 강렬해져서 세이프웨이

Safeway 주차장(지금은 라이트 에이드 Rite Ade)에 주차하고 엔진을 끈 채 가만히 앉아 있었다. 그러나 굳이 명상할 필요는 없었다. 내가 생각할 수 있는 것은 오직 펄뿐이었기 때문이다. 그녀의 얼굴이 계속 눈앞에 떠올랐고 계속 앉아 있을수록 그녀의 표정은 더욱 단호해졌다. 마침내 주차장 반대편 끝에 있는 공중전화 부스가 눈에 띄었다. 나는 걸어가서 공중전화기에 동전을 넣고 그녀에게 전화를 걸었다. 그녀가 곧바로 전화를 받았다. "어디 있었어요? 당신은 한 시간 전에 이곳에 왔어야 했어요!"

"아, 다시 돌아가 방문해야 한다는 걸 생각지 못했어요." 나는 미안하다는 듯이 더듬거리며 말했다.

"당신은 마스터를 기다리게 했어요." 그녀가 말했다. "당장 이리 올라오세요."

작은 마을이라 나는 몇 분 만에 그녀의 집 문 앞에 도착했다. 놀랍게도 그녀의 집 앞 길가에는 십여 대의 다른 차들이 줄지어 주차되어 있었다. 나는 그녀의 다른 학생들이 집 안에 원 모양으로 모여 앉아 있는 것을 발견했다. 나는 그녀가 다시는 나를 나무라지 않기를 바라며 조용히 자리에 앉았다.

"이제 모두가 왔으니, 시작하죠." 그녀가 말했다. "마스터들이 내게 중국에서 일어날 지진의 심각한 위험에 대해 알려 주셨고, 그곳에 우리 에너지를 보내주길 원하십니다. 내면으로 주의를 기울이면서 여러분 존재의 중심에 있는 신성 불꽃에 집중하세요. 그리고 그 위대한 그리스도의 빛을 느끼세요. 이제, 말하세요."

나는 하나님의 태양입니다. (I AM the Sun of God)

"그 빛이 당신의 내면에서 솟아오르는 것을 느끼고, 빛을 밖으로 뻗어나가게 하세요. 당신이 크리스털처럼 투명하다고 상상하고 빛이 당신의 존재와 세상을 밝게 비추는 것을 느껴보세요. 당신은 이제 위대한 태양인, 거대하고 위대한 중심 태양 (Great Central Sun)과 하나가 되었습니다. 당신 자신 안에서 고요히 말하세요. "나는 I AM이신 하나님의 권능으로 내 빛을 중국에 보내서 지구 대륙을 안정시킵니다. 우리는 이 에너지를 필요에 따라 마스터들이 증폭하고 직접 쓰실 수 있도록 보내고 있습니다."

우리가 만든 빛의 장에 잠겨 그곳에 앉아 있을 때, 나는 모든 것이 녹아내리듯 반짝거리는 것을 느꼈다. 모든 사물과 사람들이 빛 속에서 씻겨 나갔다. 잠시 후에 펄은 우리 의식을 인간적 차원으로 다시 불러들였다. 그녀는 에너지를 보내지 않았다면 큰 피해와 인명 손실을 주었을 그 지진을 약화할 수 있게 되어 마스터들이 감사를 표하고 있다고 말했다.

"다음에는," 펄이 나를 똑바로 바라보며 말했다. "당신이 뭘

가를 하고 싶은 충동을 느끼고 그걸 아무리 없애려고 해도 그 느낌이 떠나지 않는다면, 당신의 느낌을 그대로 따르세요. 왜냐하면 하나님께서는 그 느낌을 통해 당신을 안내해 주시기 때문입니다."

그녀의 집을 나서면서, 나는 다른 사람들에게 펄이 전화했냐고 물었다.

"아니요. 우리는 내면의 충동을 느끼고 찾아왔을 뿐이에요. 사람들이 모두 모였을 때, 나는 우리 모두가 내적인 부름을 받았다는 걸 알게 되었죠. 당신이 내면의 하나님께 맞춰져 있다면 마스터들이 우주적인 전화기(Cosmic Switchboard)로 당신을 부를 수 있답니다."

나는 그 이후로 복종해야 할 때면 올바른 행동으로 이끄는 그 미묘한 느낌들에 더 많은 주의를 기울였다. 나는 자기 완성(Mastery)의 상당 부분이 개인적인 의지를 발휘하는 데 있는 것이 아니라 신성한 의지에 복종하는 데 있다는 사실을 깨닫게 되었다. 그 흐름 속에 있을 때, 우리는 항상 올바른 시간과 적절한 장소에 있는 자신을 발견하면서 동시성의 삶을 살아갈 수 있다. 일단 당신이 그 계획을 인식하면 하나님의 근원인 당신 자신의 에너지가 작동하게 된다.

나는 그다음 몇 년 동안 여러 번 이 신성한 전화기가 작동하는 것을 보게 되었다. 마을 곳곳에서 무려 30여 명의 사람이 몰려와서 몇 분 만에 펄의 집 문 앞에 나타난 적도 있었다.

이 경우 중 어떨 때는, 마스터들이 우리에게 지진을 약화하기 위한 에너지를 보내달라고 요청하여, 모임을 밤까지 지속하기도 했다. 에너지는 압도적으로 강력해졌으며 펄이 말하기를, 마스터들은 우리가 밤새 함께하기를 원했으며 우리가 다 같이 계속 일할 수 있도록 의식적으로 몸을 벗어나게 두었다고 말했다. 어쨌든, 사람들은 운전은커녕 거의 걷지도 못했다. 당시에 나는 거의 접근하기 어려운 장소로 가서 임무를 수행하고 차에 돌아와 자는 데 익숙해져 있었기 때문에 항상 침낭과 매트를 밴에 싣고 다녔다. 그날 나는 펄의 집 밖 벽에 머리를 기대고 잠을 잤다. 펄은 제리를 간이침대가 있는 다락방으로 올려보냈고, 제리의 침실을 여자 기숙사로 사용하여 하룻밤을 보냈다. 다른 남자들은 펄이 나눠준 담요를 덮고 소파나 거실 바닥에서 잠을 잤다.

아침에 우리가 모두 눈이 풀린 채 펄의 거실에 모였을 때 펄이 말했다. "당신은 대백색 형제단의 일원이 돼 가고 있어요. 이처럼 사소한 일에서부터 복종하는 법을 배우기 시작하여, 점점 더 큰 일들을 신뢰하게 되죠. 상승 마스터들도 그들의 진화 속에서 성장해 가고 있고 언젠가 당신은 그들의 자리를 대신할 것입니다. 여러분의 일상생활이 바로 이 자기 완성을 위한 훈련소이자 학교입니다."

제25장

도전들

펄을 방문하기 위해 찾아오는 구도자들이 늘어나면서 그녀가 맞이할 도전 또한 늘어났다. 그녀를 보러 온 모든 사람이 그녀의 가르침이 지닌 단순한 아름다움을 이해하거나 그녀의 현존을 통해 마스터들이 방사한 강렬한 에너지를 소화할 수 있었던 것은 아니었다. 몇몇 사람은 심리적으로 불균형한 상태였고 풀어나가야 할, 해결되지 못한 개인적인 문제들을 펄에게 투영했다. 이런 사람들 중에는 토마스Thomas라는 한 젊은 청년이 있었는데, 그는 같은 이름을 가진 예수의 제자처럼 모든 것을 의심했다. 펄은 내게 그와 이야기를 나누면서 그가 가슴 더 깊은 곳으로 들어갈 수 있는지 알아봐 달라고 했다. 그녀가 시킨 대로 하자, 토마스는 벌컥 화를 냈다.

어느 날 저녁 펄의 집에서 토마스는 펄의 말을 가로막으며 질문을 했다. 그전까지는 아무도 그렇게 한 적이 없었다. 물어볼 게 없을 정도로 사람들의 의식 수준이 대체로 높아져 있었기 때문이다. 하지만 토마스의 질문은 진리를 알고자 하는 욕구에서가 아니라 적대감의 숨은 가시를 품고 있는 질문이었다.

펄은 일어서서 문을 가리키며 한 번도 낸 적 없던 역정을 냈다. "당장 나가!"

모두가 충격을 받았다. 평소에는 아주 온화했던 그 신성한 어머니가 이렇게 분노에 찬 모습을 본 사람은 아무도 없었다. "내가 나가라고 했어." 그녀가 반복해서 말했다.

토마스는 일어서서 방 안을 가득 채운 사람들의 무릎을 넘어서 비틀거리며 밖으로 나갔다. 다음 날 펄은 내게 다시는 돌아오지 말라는 말을 그에게 전해달라고 부탁했다. 많은 사람이 그녀가 너무 가혹하다고 생각했지만, 펄은 토마스의 내면에서 곧 드러낼 파괴적인 천성의 힘을 보았다.

한편, 펄에게는 또 다른 위협이 있었는데 이번에는 세인트 저메인 재단에서 가해진 것이었다. 재단의 멤버 중 한 명인 가이 커Guy Kerr는 매일 펄의 집 밖에 차를 세우고 펄의 집에 드나드는 모든 사람을 기록했다. 이는 말하자면 오늘날의 '스토킹'이라고 부를 만한 일이었다. 아마도 그들은 당시 재단의 조직에 합류하는 젊은이들이 거의 없었기 때문에 펄에게 이끌리는 젊은이 모두를 질투하고 있는 듯했다. 갓프리의 상승 이후 많은 사람들과 단체들이 거의 같거나 유사한 정보를 알리기 시작했다. 그것을 막기 위해 발라드 부인은 '보라색 불꽃'이나 'I AM의 가르침'과 같은 인류를 위한 세인트 저메인 활동의 핵심 표현들에 대한 상표등록 소송을 제기할 정도였고, 펄은 세인트 저메인 재단이 그녀가 사람들에게 이런 가르침들을 전하고 있는 것에 대해 분개하고 있다고 느꼈다.*

이 두 가지 위협들이 서로의 치명적인 카르마로 펼쳐지면서, 가장 극적인 방식으로 서로를 상쇄시키게 되었다. 가이는 자신의 땅에서 토마스가 야영할 수 있도록 허락해 주었고, 어느 날 그들은 형이상학적 논쟁을 벌였다. 이에 격분한 토마스는 그를 총으로 쏴서 살해했고 몇 년의 징역형을 선고받게 되었다.

어느 날 티베트 라마, 타르탕 툴쿠Tarthang Tulku의 제자들이 무리를 지어 마을로 이사 왔다. 어느 날 저녁, 그들 중 몇 명이 펄을 만나기 위해 찾아왔는데 그들은 어쩐지 펄에 대해 비판적인

---

* 세인트 저메인 재단이 '보라색 정화의 불꽃'이라는 표현으로 상표등록을 했지만, 그들 웹사이트에서는 이 표현을 자유롭게 기술하고 있다. 그들은 이 가르침들이 마스터들에게서 온 것이므로 인류에게 자유롭게 전해져야 한다고까지 말하고 있다. 이 웹사이트에서는 다음과 같이 말하고 있다. "… 보라색 정화의 불꽃에 대한 실제적인 집중, 투사, 지속은 '친애하는 전능한 신적 자아'에 의해 이루어진다. 왜냐하면 그 불꽃은 순수한 신성의 사랑인 하나님의 불꽃이기 때문이다." 만약 그들이 말하는 것처럼 그 불꽃이 하나님의 활동이라면, 그것은 누군가가 소유하거나 어떤 그룹만이 사용할 수 있도록 제한될 수 없다.

듯했다. 그들은 펄에게 무언가 배우러 온 것이 아니라, 펄이 어떻게 해서 그렇게 많은 학생을 끌어들이는지 정탐하기 위해 온 것 같았다. 다음 날 그룹의 수장인 두르가Durga가 펄을 찾아와 정식으로 그들의 의도를 전했다. "우리는 당신이 전해주는 가르침보다 훨씬 뛰어난 바즈라야나Vajrayanna 가르침을 사람들에게 줄 것입니다. 나는 단지 우리가 당신이 가르치는 학생들을 데려갈 수 있다는 것을 알려주고 싶을 뿐이에요."

"그들은 내 학생이 아닙니다." 펄이 개의치 않는다는 듯 설명했다. "학생들이 여기서 얻을 수 있는 가르침보다 당신의 가르침에서 더 많은 것을 얻을 수 있다면 당신은 그들에게 환영받게 될 거예요. 나는 상관없습니다."

그리고 약 한 달 동안 펄의 모임에 참석하는 사람이 줄긴 했지만, 이후에 그들은 다시 찾아오기 시작했다. 또 한 달이 지나자 두르가의 모임에 참석하는 사람은 거의 없었고, 봄 무렵에는 그들 일행 대부분이 마을을 떠났다. 하지만 두르가는 마을에 그대로 남아 있었다. 그녀는 임신 중이었고 거기에 자신의 남자친구까지 다른 불교 단체에 가입하기 위해 떠났지만, 그녀는 아이를 샤스타산에서 낳고 싶어 했다.

어느 날 전화벨이 울려 전화를 받은 펄은 두르가의 다급한 목소리를 듣고 깜짝 놀랐다. "펄, 제발 도와주세요. 출산 예정일인데 아이의 머리가 아래로 돌지 않아요. 제왕절개 수술은 원하지 않는데 어떻게 해야 할지 모르겠어요. 제발 저를 도와주세요."

"잠깐만 기다려 보세요." 펄이 수화기를 놓으며 말했다. "나는 지금 현현하시는 하나님의 현존으로, 두르가의 아기를 온전히 지휘하며 이 순간 아기의 머리를 아래로 돌려놓습니다!"

펄이 전화기를 다시 들었을 때, 두르가가 말했다. "아, 아이가 움직여요! 무슨 일이 일어나고 있다는 걸 느낄 수 있어요." 그들이 이야기를 계속하면서 두르가는 아이의 머리가 어떻게 산도產道 쪽으로 움직이는지 설명했다. 아기는 다음 날 태어났고 며칠이 지나 두르가가 펄을 보러 왔다. 그녀는 아기를 펄의 품에 안기며 말했다. "펄, 제가 한 일을 용서해 주세요. 정말 미안해요. 당신은 진정한 성자입니다. 부디 내 어린 딸을 축복해 주세요."

마을에는 펄에 관한 많은 이야기가 있었다. 어느 날 나는 다른 여덟 명과 함께 그룹을 지어 펄을 만났던 내 친구 빌Bill과 우연히 마주쳤다. 그 그룹 사람들은 펄의 집에서 떠난 후 거기서 어떤 일이 있었는지 적은 것을 비교해 보았는데, 그들은 서로의 기록에 대해 동의할 수 없었다. 그들은 각자 다른 가르침을 들었는데, 각자의 내면의 질문에 대한 답을 받은 것이었다. 또 빌이 말하길, 자신이 여러 축제에서 광대 분장을 했었다고 말했다. 그때쯤, 그는 몇 년간 펄을 만나지 못했었는데, 어느 날 그가 얼굴을 완전히 가리고 광대 복장을 한 채 시내에 있었을 때 펄이 그에게 다가와 말을 걸었다. "안녕 빌, 어떻게 지내요?" 그녀는 분장한 그의 본 모습을 꿰뚫어 보았다.*

펄은 그녀가 뭘 하는 사람인지 이해하지 못하는 이웃과 다른 마을 사람들로부터 노골적인 적대감의 대상이었을 뿐만 아니라 많은 가십거리의 대상이 되었다. 제리가 일하러 밖에 있는 동안 젊은 남자들이 그녀의 집에 드나드는 것을 본 몇몇 이웃들은 펄이 바람을 피우고 있다고 주장했다. 후에 그들은 사실 펄이 남편에게 충실한 것을 알고 있었다고 인정하면서도, 그녀의 인기가 부러워 히피들이 이웃으로 들어오는 것에 대해 그녀에게 불평해 댔다.

1973년, 샤스타산은 벌목 마을이었다. 많은 토착민은 배낭을 메고 긴 머리를 한 청년들에게 실제 적대감을 가지고 있었고 심지어는 관광객들까지도 불신했다. 샤스타 대로에 즐비한 상점들의 문에는 '히피 출입 금지' 간판을 내걸었다.** 그러나 펄과 함께 공부하기 위해 도시에서 이주하는 젊은이들의 숫자는 계속해서 증가했다. 어떤 사람들은 신성에 취한 상태로 그녀의 집을 나선 후에 누군가의 집 앞 보도에 앉아 있거나 잔디밭에 드러누워 있곤 했다. 맥 클라우드McCloud가에서 펄의 집을

---

* · 2014년 11월 6일 빌 버팔로Bill Buffalo에게 들었던 이야기다.

** · 나의 자서전《마스터의 제자》(Apprentice to the Masters)를 참고하라.

향해 차를 몰고 올라갈 때면, 방문자 몇 사람이 모퉁이 공터 바닥에 대자로 뻗어 있는 것을 흔히 볼 수 있었다. 펄이 상점에 가면 나이 든 마을 사람들은 가끔 그녀에게 다가와 다음과 같이 말했다. "음, 넌 그 더러운 히피들과 꽤나 가깝게 지내더군. 그들이 널 보러 온다고 들었어."

마침내, 그녀는 이 정도면 충분히 참았다고 생각했는지, 그녀의 집에서 마을 회의를 열었다. 그녀는 상공회의소, 태평양 전력&조명 회사, 뱅크오브아메리카(BOA:미국은행)의 대표들과 지역 교회 목회자, 부동산 중개업자, 경찰서장 등의 사람들을 초청했다. 초대된 사람들이 차를 한 모금 마시고 그녀가 구운 쿠키를 먹는 동안, 그녀가 말했다. "나는 이 마을에 오는 어린 청년들이 부당하게 대접받고 있는 것에 대해 아주 염려스러운 마음입니다. 그들은 좋은 청년들이며 더 나은 대우를 받을 자격이 있습니다. 여러분들도 젊은 시절이 있지 않았나요? 틀을 깨고 자유로워지고 싶지 않았나요? 그것이 이 청년들이 하는 일이고, 그들은 더 나은 세상을 만들고 싶어 합니다. 내가 바라는 건 그들에게 기회를 달라는 것뿐입니다. 그들에게 마음을 열어서 환영받고 있다고 느끼게 해주세요."

동의의 표시로 고개를 끄덕이는 사람들도 많았지만 몇몇 사람들은 "그들이 받아들여지기를 원한다면 머리를 자르고 점잖은 옷을 입어야 하는 거 아닌가요?"라고 말했다.

"내가 할 수 있는 일은 해보겠지만 시간을 좀 더 주시면 좋겠군요." 펄이 말했다. "이 청년들이 가난한 부랑자처럼 보일지 몰라도, 몇몇은 실제로 꽤 부유한 편에 속합니다."

"맞아요. 그들이 집을 사들이고 있어요." 두 명의 부동산 중개업자가 끼어들며 말했다.

그 후 내가 다음번에 펄을 보았을 때, 그녀는 이것을 다음과 같이 돌려서 나에게 말했다. "어떤 이들은 새로운 도시로 이사했을 때 자신의 외모가 튀지 않으면 그 마을에 더 잘 받아들여진다는 것을 알게 되죠."

나는 언덕길을 걸어 내려가면서 생각했다. "혹시 내 외모를 바꿔야 한다는 암시인가?" 그 당시 나는 여전히 인도에서 가지고 돌아온 일반적인 인도 옷을 입고 다녔지만, 그것이 서양인들에게는 집에서 입는 잠옷처럼 보일 수도 있었다. 거기에 더해 내 머리와 턱수염은 길고 지저분하게 보였는데, 나는 자신을 스스로 방랑하는 요기라고 생각했지만, 확실히 히피처럼 보이는 모습을 하고 있긴 했다. "머리는 잘라도 될 거 같은데"라고 나는 생각했다.

몇 주 후 부동산 사업에 뛰어들면서, 나는 상공회의소에 가입하고 싶은 충동을 느끼기 시작했다. 나는 그 상업적인 조직이 내가 영적인 길을 가는 동안 피하고 싶은 모든 것을 대변하는 듯해서 이를 거부했지만, 그 충동은 점점 더 강해졌다. 마침내 나는 그 느낌에 굴복하여 고속도로 옆에 있는 유명 식당의 회의소 미팅에 참석했다. 나는 헐렁한 옷과 긴 머리를 하고 뒤쪽 방 한쪽에 앉았고 마을의 나머지 사업가들은 다른 쪽에 앉았는데, 모두가 당시 유행했던 폴리에스테르 '레저복'을 입고 있었다.

내가 사람들에게 게스트로 소개되었을 때 나는 깜짝 놀랐고, 미팅 막바지에 뱅크오브아메리카와 태평양 전력&조명 회사 대표가 내게 다가와 진심 어린 악수로 나를 반겼을 때 나는 더더욱 놀랐다.

다음 날 나는 머리를 자르고 내가 입을 레저복을 샀다. 그리고 다음 미팅에서 나는 내적으로는 여전히 요기처럼 느끼면서도, 다른 사업가들과 제법 잘 어울렸다.*

펄은 내 새로운 모습을 보고 웃으며 말했다. "알아들었군요." 그녀는 우리가 이 시골 벌목 공동체에 더 잘 적응할 수 있도록 영감을 달라고 마스터들에게 부탁했었다고 고백했다. 나는 점차 내 친구들이 외모를 바꿔 직장을 구하고, 그들 자신의 사업을 시작하는 것을 보게 되었다.

---

* 티베트 라마, 트룽파 린포체Trungpa Rinpoche는 사회를 바꾸고 싶다면 먼저 사회의 일부분이 되어야 한다고 말했다.

제26장

상승 가까이에서

마을에는 우리가 '버터플라이The Butterfly'라고 부르는 한 젊은 여성이 있었다. 그녀가 다녀간 곳에는 기쁨이 넘쳤고 분위기가 밝아졌다. 어느 날 나는 건강식품 가게에서 아르바이트하던 중, 테이블에 앉아 있었는데 그녀가 가게 안으로 들어와 내 옆에 앉았다. 우리는 몇 마디 말을 주고받았고 그녀가 내 눈을 깊이 응시하면서 손을 뻗어 내 손을 잡았다. 그녀의 손에서 내 손으로 에너지가 들어오면서 나는 가게의 에너지가 빛 속에서 일렁이는 것을 느꼈다. 나는 그녀의 푸른 눈에서 나오는 반짝이는 듯한 눈빛에 녹아내리고 있었고, 마치 나와 지구 사이의 연결이 녹아내리는 것같이 그 느낌이 더 커지고 있었다. 나는 그런 나를 멈추게 하는 유일한 것이 그녀가 잡은 내 손의 통증이라고 생각했다. 내가 더는 참을 수 없다고 느꼈을 때, 그녀는 손을 놓아주었다.

"안녕, 난 아마나Amana예요." 그녀는 아무렇지도 않은 듯 말했다.

"당신은 펄을 만나봐야 해요." 나는 그녀가 다시 내 손을 잡지 못하도록 테이블 아래에서 깍지를 꼈다.

"음, 어쩌면 그래야 할지도 모르죠. 그런 말을 한 사람은 당신이 세 번째니까요."

나는 그녀에게 펄의 전화번호를 알려주고 나서 한동안 그녀를 다시 만나지 못했다.

일주일 후 나는 펄을 만났고, 펄이 말했다. "당신이 보낸 그 여성이 날 만나러 왔더군요."

어떤 이유로 인해, 펄은 아마나를 집 뒤의 침실로 데려가고 싶은 느낌이 들었다. 펄은 평소에 개인적인 공간을 공개하지 않았기 때문에 그것은 처음 있는 일이었다. 펄은 침대 가장자리에 앉았고 아마나는 펄의 반대편 의자에 앉았다. 펄은 손을 내밀어 아마나의 손을 잡았다. 그리고 펄은 내가 겪었던 똑같은 경험을 내게 이야기해 주었다. 그때와 다른 점은, 아마나가 의자에서 떠올라 위로 둥둥 떠올랐다는 사실뿐이었다.

"상승하고 있군요." 펄이 말했다.

"아, 제가요?" 그녀가 천진하게 물었다.

"그래요. 떠날 준비가 되었나요?" 펄이 물었다.

"글쎄요. 잘 모르겠어요." 그녀가 의자에 다시 내려앉으며 대답했다.

아마나는 다시 한번 의식을 내면으로 향했고 상승하기 시작했다. 아마나가 마침내 세 번째로 공중으로 떠오르기 시작하자, 펄은 그녀가 이번에는 빛 속으로 사라져 버릴 거라고 확신했다. 그러나 아마나는 한숨을 쉬며 긴장을 풀었고, 모든 것이 원래의 자리를 찾았다.

아마나는 펄이 상승에 대해 한 말을 생각해 본 후에 그 대답을 알게 되면 다시 와서 그녀를 만나겠다고 말했다. 그녀가 떠난 뒤에 제리가 거실에서 신문을 읽다 말고 나와서 물었다. "안에서 무슨 일이 있었던 거예요?"

"무슨 말이예요?"

"집 전체가 떠오르는 줄 알았어요." 제리가 말했다. "모든 게 녹아버리는 것처럼 느껴졌어요."

"네, 저 역시 그렇게 느꼈어요." 펄이 대답했다.

아마나는 몇 주 후에 돌아왔고, 그들은 다시 펄의 방으로 들어갔다. 이번에는 특별한 일이 일어나지 않았다. 아마나가 말했다. "얼마 전에 아주 멋진 남자를 만났는데, 그와 사랑에 빠진 것 같아요. 이전에는 영적인 파트너와 교제해 본 적이 없어서 여기에 남아 그게 어떤 기분인지 알고 싶어요."

곧 아마나와 그녀의 파트너는 마을을 떠나 시에라 네바다 Sierra Nevada 산맥의 언덕에 있는 시골 마을로 이사했다. 몇 년이 지나 나는 그들을 방문했는데, 이 천사 같은 존재가 이제는 그저 평범한 어머니가 된 것을 보고 놀랐다. 그녀에게는 남자아이와 여자아이, 두 명의 자녀가 있었는데 그녀가 저녁 식사를 준비하는 동안 아이들은 그녀의 다리를 꼭 잡고 있었다. 그녀가 포옹으로 나를 맞이했을 때, 나는 내가 한때 느꼈던 놀랄 만한 에너지를 전혀 느낄 수 없었다. 몇 년 후에 나는 그녀가 암 진단을 받았으며 갑자기 사망했다는 소식을 듣게 되었다. 그녀의 영혼에는 아이들의 어머니로서 해야 할 역할이 지상에서 갈망했던 마지막 경험인 듯했다.

제27장

여성을 향한 펄의 조언

명상에 잠겨 있던 어느 날 아침, 펄과 나는 문을 두드리는 소리를 들었다. 최근에 뉴저지에서 이 마을로 이사 온 붉은 머리의 여성, 글로리아Gloria가 거실로 불쑥 들어와 의자에 풀썩 주저앉아 펄을 향해 흐느껴 울기 시작했다. "내 남편에게 무슨 짓을 한 거죠?"*

"무슨 말이죠?"

"여기서 무슨 일이 벌어지고 있는지 알아야겠어요. 당신이 무슨 짓을 했길래 내 남편이 그토록 거부할 수 없을 만큼 간절

---

* 60대였던 펄은 소박한 옷에 평범한 외모를 지닌 사람이었지만, 분명 마을에서 가장 인기 있는 여성이었다. 《Apprentice to the Masters》 12장을 참고하라.

히 당신을 찾아다니는 거죠? 그이에게 원하는 게 뭐예요?"

"난 당신 남편에게 관심이 없어요." 펄이 대답했다. "나도 남편이 있습니다."

"그런데 왜 그이가 매일 당신의 집에서 시간을 보내는 거죠? 나는 어떤 방식으로든 그이와 사랑을 나누길 원하는데 그이는 집에서 나가자마자 당신과 함께 있으려고 한다고요. 그이에게 뭘 하는 거죠, 당신?" 그 여성이 반문했다.

"아마도 그는 이걸 원하나 보죠." 펄이 자신의 가슴을 가리키며 말했다.

"뭐라고요?" 글로리아가 눈을 크게 뜨며 대답했다.

"순수한 그리스도의 사랑 말입니다." 펄이 바로 그 순수하고도 본질적인 광선을 그녀 가슴에 보내며 대답했다.

"말도 안 돼요!" 그녀가 외쳤다. "당신은 내가 그걸 믿을 거로 생각하세요? 그이는 예수를 믿지도 않고, 종교에 **빠져** 있지도 않아요. 당신이 그이에게 어떤 주문을 건 게 틀림없어요."

"내가 말했다시피," 펄이 반복해서 말했다. "그가 이곳에서 느낀 것은 순수한 그리스도의 사랑이고, 아무리 많은 로맨스나 섹스도 이것을 대신할 순 없습니다. 그리스도의 빛은 가슴속에서 남성성과 여성성이 합쳐지는 에너지로, 그 사랑은 어떤 외적인 관계도 넘어서는 독립적이며, 어떤 외부 조건에도 의존하지 않는 천상의 결혼이라고 할 수 있습니다. 일단 어떤 이가 이 사랑에 눈뜨게 되면 모든 인간적인 활동은 그 사람의 우선순위에서 밀려나게 됩니다. 이것이 당신의 남편이 여기에 오는 이유입니다. 그가 느낀 그 빛이 자신 안에 있는 그리스도의 빛을 더욱더 양육하기 때문입니다."

글로리아의 눈은 마치 벽돌에 한 방 맞은 것처럼 더욱 커졌다. "뭐라고요!" 말문이 막힌 그녀가 외쳤다. 그녀는 펄이 건네준 사랑을 느끼기 시작하면서 차츰 분노를 가라앉혔고, 몸을 앞으로 기울였다. "어떻게 한 거죠? 그 사랑이란 것, 그거 나도 배울 수 있나요?"

"당신의 의식을 내면으로 향하세요." 펄이 자신의 가슴을 가리키며 반복해서 말했다. "당신 안의 부드럽고 섬세한 지점을 느껴보세요. 그곳이 당신 존재의 중심이며 그 사랑은 항상 그곳에 있습니다. 오랜 세월에 걸쳐 당신이 그곳에 의식을 돌리길 기다리고, 기다리고, 또 기다렸던 신성 현존의 사랑을 느껴보세요. 당신이 언제까지 밖의 사람들, 장소와 조건들 그리고 사물들에 에너지를 쏟으며 정신이 팔렸을지 궁금해하며 당신이 복종하기만을 기다리고 있었던 신성 현존의 사랑을 느껴보세요. 그것이 그리스도의 빛이고, 그것이 바로 당신 남편이 한 일입니다."

글로리아는 펄이 그녀의 가슴속에 타오르게 했던 불꽃을 느끼기 시작했고, 의자에 앉아 긴장을 풀며 눈을 감았다. 그녀의 호흡은 부드러워졌고, 얼굴은 마치 천사처럼 빛이 났다. 나는 놀라서 그녀를 쳐다봤다. 1분 만에 눈물로 가득 찬 그녀의 눈이 부드럽게 떠졌다.

"이제 그가 왜 당신과 함께 많은 시간을 보냈는지 이해가 돼요." 그녀가 한숨을 쉬며 말했다. "나 또한 이걸 원해요. 나는 당신이 어떻게 했는지 알고 싶어요."

"아주 간단하죠." 펄이 연민 어린 목소리로 말했다. "하지만 이 진실을 원하는 사람은 거의 없습니다. 내가 하나님(I AM God)이라는 것을 알기 위해 마음을 가라앉히고 고요 속에 머무르며 오랫동안 추구했던 외적인 것들을 포기하고자 하는 사람은 아직 극히 소수에 불과합니다."

내 마음속에서 글로리아의 급격한 변화는 여전히 신선한 것이었다. 나는 관계와 사랑 그리고 섹스에 대한 마스터들의 가르침이 궁금했기 때문에, 이런 강력한 욕구들이 영적인 길에서 어떤 영향을 미치는지를 다음 날 펄에게 물어보았다. 전날 일어난 일에 대해 펄이 말했다. "질투는 독입니다. 질투는 자신이 누구인지 모르기 때문에, 자신의 근원이 다른 사람에게 있다고 생각하기 때문에, 자신의 내면에서 행복의 근원을 느끼지 못하기 때문에 생겨납니다."

"내재하신 신적 현존에 대한 무지는" 펄이 말을 이어갔다. "사람들이 자신의 내면에서 완성을 찾기보다는 자신에게 결핍

된 것을 관계에서 찾을 수 있다고 잘못 생각하게 만듭니다. 일단 사람이 신성과 합일되는 축복을 발견하게 되면 섹스나 외적인 로맨스는 더는 그의 관심을 끌지 못합니다. 모든 욕망을 영원히 녹이는 로맨스와 사랑은 자신의 I AM, 즉 신성 현존 안에 있기 때문입니다."

"나아가, 자신의 배우자에 대한 느낌이 소유라면 그것은 그 관계를 파괴할 뿐만 아니라 영적인 길에서 전진하는 데 양쪽 모두에게 장애가 됩니다. 진정한 사랑은 자유 속에서 자리 잡는 것입니다. 그 자유는 순간의 열정에 따라 제멋대로 하는 자유를 의미하는 것이 아닙니다. 그것은 당신 자신의 신적 근원에 따르고 복종하는 존재가 됨으로써 갖게 되는 신적인 존재로서의 자유로운 지배권을 말합니다. 이것을 추구하며 파트너들이 서로를 지지해 주는 것이 이상적인 인간관계입니다."

"얼마나 많은 기혼자가 내게 와서 '아, 내가 만약 싱글이라면 영적인 큰 진보를 이룰 수 있을 텐데요'라고 말하는지, 그리고 얼마나 많은 싱글이 내게 와서 '아, 내가 만약 파트너가 있다면 나는 행복할 텐데요'라고 말하는지 당신이 알면 좋겠네요."

"당신은 당신의 느낌들을 피할 수 없습니다. 당신은 당신의 열정을 피할 수 없습니다. 당신이 무엇을 하든 간에 그것들은 밖으로 드러나게 될 것이며 그것은 당신의 사고, 말 그리고 행위들에 영향을 줍니다. 당신은 한동안 동굴에 사는 요기가 될 수도 있습니다. 그러면 더는 당신의 망상이 보이지 않으니 당신은 그것들이 사라졌다고 생각할 수도 있습니다. 그러나 당신이 세상 속으로 다시 돌아왔을 때, 그것들은 당신을 재차 시험할 것입니다. 그러니 세상 속에 머무르면서 의식적인 자각의 빛과 함께 당신이 잘못 창조한 에너지와 마주하는 편이 낫습니다. 당신의 파트너는 당신이 뭘 배워야 하는지 보여주는 당신의 거울이기 때문에 관계가 오히려 자기 정화의 지름길이 될 수 있는 것입니다."

"당신은 인생의 어느 기간 동안 관계 속에 있을 수도 있고, 어떨 때는 홀로 있게 될지도 모릅니다." 펄이 계속해서 말했다. "양쪽 다 어느 특정한 성장단계에 적합한 시간입니다. 하지만 어느 쪽이든 당신은 당신의 내적 느낌에 책임을 져야 합니다. 다른 누군가가 아니라 오직 당신만이 당신 자신의 생각, 감정, 그리고 행위들에 책임이 있는 것입니다. 그러니 당신의 행복과 자유의 원천은 다른 누구에게 있는 것이 아니라 당신 자신에게 있는 것입니다. 당신은 홀로 이 세계로 들어와서 홀로 이 세계를 떠나게 됩니다. 당신은 여정의 일부분에서만 다른 이와 함께 걸을 수 있습니다. 둘이서 같이 걷게 될 때, 빛의 길을 걸어가 서로가 자기 완성을 이룰 수 있도록 도우세요."

제28장

당신은 준비되었다

　마스터와 함께한 자기 완성을 향한 훈련은 결국 부동산업으로 나를 이끌었다.(역자 주: 자서전 후편에 자세한 내용이 나온다) 그것은 낡은 집들을 사서 수리한 뒤 임대하는 일이었다. 실제로 나는 부동산 자격증을 취득해 사무실에서 근무했다. 하지만 내 가슴은 언제나 펄과 상승 마스터들과 함께 있었고, 집을 보여주러 다니지 않는 날이면 펄을 보러 가곤 했다. 그녀의 집에는 항상 사람들이 있었고 때로 그녀는 침묵에 잠긴 채 내게 말을 하라고 부탁했다.

　"내가 무슨 얘기를 했으면 좋겠어요, 펄?" 내가 이렇게 물으면 그녀는 어깨를 으쓱하는 것으로 대답을 대신했다. 잠시 침묵이 흐른 후 그녀는 이렇게 말했다. "당신의 신적 자아에 의식을 돌린 후에 뭐가 떠오르는지 지켜보는 건 어때요?"

나는 오전 8시에 일과를 시작했는데, 불평하는 세입자와 건축업자, 회계사, 변호사들을 상대하기 전에 오르막길을 2분 정도 걸은 뒤 펄을 만나서 함께 명상에 잠기곤 했다. 그리고 퇴근 후나 저녁을 먹고 난 후 그녀의 집으로 다시 찾아가 그녀와 단둘이 앉아 있거나 그곳에 있는 어떤 그룹에 끼기도 했다. 종종 그녀는 나보고 말을 해달라고 부탁했지만 나는 항상 침묵을 지키려고 했다. 어쨌든 그녀가 이 모임의 선생님이었다. 그 당시에는 그녀가 나보고 말을 하라고 시켰던 것이 나에게 주는 가르침 일부였다는 것을 깨닫지 못했다. 그녀는 마스터들이 나를 그곳에 보낸 이유인 그 일을 위해 나를 준비시키고 있었던 것이었다.

어느 날 그녀가 나를 똑바로 바라보며 다음과 같이 말했을 때, 나는 충격을 받았다. "당신은 이제 준비가 됐어요."

"어, 무슨 준비 말이죠?" 나는 당황해서 물었다.

"이 몇 년 동안 내가 왜 당신을 훈련했다고 생각하세요? 세인트 저메인이 오늘 아침에 당신이 일을 시작할 준비가 됐다고 말씀하셨죠."

"어떤 종류의 일 말이죠?" 내 마음은 이 말이 의미하는 바에 대해 멍했다.

"사람들을 돕는 일 말이에요. 당신이 원하는 게 그거 아니었어요? 당신이 나를 처음으로 찾아온 지 3년 3개월이 지났어요. 당신이 지금 그 의자에 앉아 세인트 저메인께 도움을 청한 날로부터 말이에요. 이제 당신이 바빠질 때가 됐어요."

"하지만 나는 뭘 해야 하는지 모르겠어요." 내가 불평했다.

그녀는 나를 꿰뚫어 보는 시선으로 쳐다보았고, 잠시 침묵한 후에 말했다. "당신은 이렇게 말할 수 있어요."

나는 지구상에서의 나의 신성한 사명의 부활이자 생명이며, 이제 그것이 실현됩니다.

"내가 장담하죠. 이 일은 당신이 태어나기도 전에 예정되어 있었어요. 이제 시작할 시간이 됐고 그 어떤 것도 이를 막을 수 없죠. 그러니 준비하세요. 내가 하는 이 일을 미리 계획하고 시작했다고 생각하세요? 그리고 내가 가르침을 주기 시작했을 때, '아, 내가 이제 준비가 되었구나' 하고 생각한 줄 아세요? 아니에요. 그냥 사람들이 막 나타난 것뿐이었어요."

나는 어떤 식으로 이 일이 일어날지 몰라 약간 불안해하면서 그녀의 집을 나섰다. 나는 내가 그녀의 가르침을 전체적으로 온전히 이해하고 있다고 인정해야 했지만, 내가 어떤 그룹 앞에 앉아 있어야 한다는 생각은 전혀 하지 못했었다. 나는 그녀의 거실에 충만한 상승 마스터의 의식에 고요하게 전념하는 것이 훨씬 더 편했다. 나는 원하면 언제든 일어나서 나갈 수 있는 그 자유로움에 익숙해져 있었다.

하지만, 이내 내가 소유한 모든 임대 부동산들이 팔렸고 나의 부동산 사업이 종지부를 찍는 듯했다. 나는 기적적으로 짧은 시간 안에 자유를 얻었다. 주택 대부분이 상태가 엉망이었고 은행에 융자를 받기에 적합하지 않았으므로 나는 직접 판매를 위한 융자 자금을 조달해야 했다. 나는 이후의 여러 해 동안 살아갈 수 있을 만큼 충분한 수입이 될 만한 판매대금을 수년에 걸친 약속어음의 형태로 받았다. 내 변호사인 아니 브라이어Arnie Breyer는 이디시어 격언으로 이를 빗대어 말했다. "내 비록 낡고 허름한 집에 틀어박혀 있었지만, 거기서 나오면서는 장미 같은 향기를 풍겼다!"(곤경에 처했었지만, 예상 밖의 좋은 결과를 얻게 되었을 때 쓰는 말. 역주)

어느 날, 내가 소파에 앉아 있을 때 문을 노크하는 소리가 들렸다. 나는 문을 열어, 이샤 카우어Isha Kaur를 보고 깜짝 놀랐다. 그녀는 몇 년 전 나와 피닉스Phoenix의 아쉬람에서 만났고, 내 입문의 여정에서 나를 사막으로 안내했었다. 그리고 그녀는 이

---

* 입문이란 구도자의 의식을 내면으로 되돌려, 자신의 내재한 신성에 대한 더 강력한 느낌으로 이끄는 어떤 경험, 의식ritual, 스승과의 연결을 통한 의식 전이 등을 나타내는 말이다. 이 특별한 입문에 대해 읽고 싶다면 내 자전적 책인 《Search for the Guru》 65장 The Goddess of Phoenix를 참고하라.

제 친구들과 함께 내 앞에 서 있었다.

"다시 만나서 반가워요. 피터, 들어가도 되죠?"

"그럼, 샤스타산엔 무슨 일로 왔어요?"

"우리는 펄을 만나러 왔는데 그녀가 너무 바빠서 만날 수 없다고 했어요. 대신 당신과 만나보라고 우리를 여기로 보냈어요."

"아." 순간적인 공황 상태에 사로잡히면서 내가 할 수 있는 말은 이것뿐이었다. "어떻게 해야 하지?" 나는 궁금했다. '펄이 여기 있으면 좋았을걸' 하고 생각하면서 말이다.

이샤Isha, 프레드Fred, 다르마Dharma 세 사람은 반원 모양으로 앉아 어떤 일이 일어나기를 기다렸는데, 그들은 그렇게 오래 기다릴 필요가 없었다. 우리가 앉자마자 나는 내 신적 자아와 상승 마스터들에게 신성한 계획을 가져다주길 요청했다. 그리고 나는 그 세 사람과 이야기하면서 그들 위에 있는 각자의 신적 자아를 심상화했다.

모두가 침묵에 빠져 자연스럽게 하나 됨 속으로 녹아들기 시작했다. 잠시 후, 우리가 좀 더 일상적인 의식으로 다시 돌아왔을 때 나는 그들의 몇 가지 질문에 대답할 수 있었다. 그 말들은 내게서 자연스럽게 흘러나왔는데, 나는 그제야 펄이 얼마나 나를 잘 훈련시켰는지 깨달았다. 다시 한번 이샤 카우르는 내 입문에서 중요한 역할을 한 듯했다. 이번에는 내가 진정한 봉사로 나아가도록 도왔다.

　이샤와 그녀의 일행이 떠난 며칠 후, 마을에서 만난 한 친구가 그날 오후 내 거실에서 있었던 프레드의 경험에 대해 말해 주었다. 그는 하나님을 믿지 않았고 영적인 것들에 항상 의심을 품고 있었다. 그는 특히 샤스타산을 둘러싸고 벌어지는 기적적인 일에 대한 전설들을 의심하고 있었다. 그러나 프레드는 그 친구에게 '만약 하나님이 실재하신다면, 나는 그날 오후에 그를 경험했었다'고 말했다고 한다.

　그 일을 시작으로, 여름 내내 손님들의 방문이 늘어났다. 이제 나는 펄이 매일 경험했던 일을 이해했다. 사람들은 늘 끊임없이 나타났고, 나는 운 좋으면 손님들 방문이 잠깐 멈춘 시간에 중간중간 과일이나 견과류를 한 움큼씩 우적우적 씹어 먹을 수 있었다. 비록 그 에너지장 안에서는 거의 먹을 필요가 없었지만 말이다. 나를 위한 그녀의 훈련과 희생에 대한 내 고마움은 갈수록 커졌다. 그 당시에는 내가 깨닫지 못했지만, 그녀는 자기 자신의 상승을 위한 준비로, 자신이 봉사해야 할 역할의 일부를 내게 나누어주기 시작했던 것이었다.

피터 마운트 샤스타 1984년경

제29장

내적 결혼

어느 날 샤스타산 바로 남쪽에 있는 작은 마을, 던스뮈어를 걸어가던 중 처음 보는 작은 골동품 가게가 눈에 띄었다. 평소 같으면 이런 가게를 지나쳤을 것이다. 왜냐하면 지저분한 외관이나 더러운 창문 너머로 보이는 중고품들이 전혀 특별해 보이지 않았기 때문이다. 하지만 내적인 안내의 충동이라고밖에는 표현할 수 없는 어떤 이유로, 나는 가게로 들어갔다.

한 노파가 뒷방에서 나와 도움이 필요하냐고 물어봤고, 나는 괜찮다고 말하면서 그냥 둘러보고 있다고 말했다. 하지만 그 순간 내 시선이 반짝이는 루비가 박혀 있는 한 쌍의 결혼반지로 향했다. 내가 반지 가격을 묻자 그녀는 각각 4달러라고 말했고, 나는 그것들이 진짜일 리가 없다는 것을 알고 있었다. 그런데도 그 반지들에는 마법 같은 뭔가가 있었다. 나는 반지를 끼워줄 만한 사람도 없었지만, 나를 가게로 이끌었던 그 힘으로 인해 그 반지 한 쌍을 사게 되었다.

다음 날 아침 펄을 만난 나는 여전히 내 주머니 속에 있던 반지들을 꺼내 그녀에게 보여주었다. 불현듯, 나는 그녀에게 반지 하나를 주고 싶다는 설명할 수 없는 충동을 느꼈다. 놀랍게도 그녀는 손바닥을 내미는 대신 왼손 약지를 펼쳤다. 내가 그녀의 손가락에 반지를 끼우자 그녀는 다른 반지를 달라고 한 다음 내 손가락에 끼워주었다.

"방금 무슨 일이 있었던 거지?" 이것이 내게 뭔가 중요한 일이었다는 느낌은 들었지만, 도대체 이게 어떤 의미였을까? 나는 궁금했다. "생각나지 않나요?" 펄이 물었을 때 내가 뭔가를 놓치고 있다는 느낌이 강해졌다.

"뭐가 생각난다는 말이죠?" 내가 물었다.

"신경 쓰지 마세요. 때가 되면 기억나게 될 거예요."

그날 밤 나는 잠자리에 들면서 물었다. "세인트 저메인, 이 반지에 대해서 제가 알아야 할 모든 것들을 보여주세요." 그런 다음 나는 잠이 들었다. 곧 나는 로열 티톤에 있는 세인트 저메인의 개인 알현실에 있었다. 펄과 나는 그곳에서 매우 아름다운 예복을 입고 있었고, 세인트 저메인이 우리 앞에 서 있었다.

그는 우리의 손을 잡고 말했다. "피터 그리고 펄. 내 사랑하는 제자들이여, 나는 다시 한번 당신 둘을 영적인 관계 안에서 결합시킵니다. 이 영혼의 연결은 수천 년 동안 이어져 온 것입니다. 나는 지금 그대들이 함께해야 할 과제를 위해 그대들의 영적 연결을 새롭게 하고자 합니다."

그런 다음 그는 우리의 두 손을 모아 금으로 된 줄로 묶었다. 그다음에 나는 아침이라는 것을 알았다. 나는 일어나 침대 옆 테이블에 놓여 있는 루비 반지를 응시하면서, 펄이 이 반지 선물을 왜 그토록 중요하게 여겼는지를 이해하게 되었다.

제30장

펄과 제리

　제리는 항상 뒤쪽에 머물러 있던 신비롭고 조용한 사람이었다. 그는 많은 사람에게 수수께끼 같은 존재였다. 어느 날 나는 펄과 명상을 하면서 지구의 대기권 위로 떠오른 듯한 느낌을 받았다. 그러자 그녀가 말했다. "제리에게 가서 이야기 좀 나눠 보지, 그래요?"

　나는 그 말이 부탁인 줄 알고 뒷문을 통해 차고로 나갔다. 거기서 그는 적절히 배치된 공구들로 가득 찬 작업대 앞에 서서 모루 위로 뭔가를 두드리고 있었다.

　"안녕하세요. 제리, 지금 뭐 하세요?"

　"못을 곧게 펴고 있어요."

"아, 정말요?"

"이것들을 굳이 버릴 필요가 없어요. 아직까진 완벽하게 쓸 만하죠."

"그런 것 같네요."

펄은 내가 뭘 배우길 바라는 걸까 하고 생각하던 나는, 몇 분 동안 계속 그를 지켜보다가 작별 인사를 했다. 펄이 '제리와 이야기해 보라고' 내게 제안한 적이 한 번 더 있었다. 그때 제리는 집 앞에서 대문을 고치고 있었다.

"안녕하세요. 제리, 대문을 고치신다고요?"

"네, 문이 삐걱거리는데 기름 몇 방울이면 해결되겠어요."

"날씨가 좋죠. 그렇지 않나요?"

"물론이죠."

다시 한번, 나는 이 만남에서 무엇을 배워야 하는지 궁금해하며 자리를 떠났다. 나중에서야 나는 비로소 그를 선(禪)의 대가로 보기 시작했다. 그는 비록 많은 차원을 인식하고 있었지만, 바로 지금의 일에 거의 전적으로 의식을 집중할 수 있었다.

"제리한테 뭐 배운 거 없어요?" 이런 만남이 있은 다음 날 펄이 내게 물었다.

"그는 아주 평화로워 보였어요." 이것이 내가 할 수 있는 말 전부였다.

"네, 그렇죠. 그렇지만 소들도 평화롭긴 마찬가지예요." 그녀가 말을 이어갔다. "가끔 그 평화가 나를 미치게 만들죠. 나는 약간 흥분되길 원하기 때문이에요. 두어 번 정도 그에게서 도망쳤었는데 그때마다 그가 나를 찾아와서 집으로 데려갔어요." 그녀의 고백은 나를 충격에 빠뜨렸다. 왜냐하면, 나는 그들을 항상 이상적인 부부로 봐왔었고, 그녀가 불만을 느꼈을 거라고는 꿈에도 생각하지 못했기 때문이다. 그녀는 행복한 아내의 이미지를 보여주는 사람이었다.

"어느 날 나는 더는 견딜 수가 없어서 포틀랜드Portland로 도망갔어요. 거기에 가서 일주일도 채 지나지 않아 나는 꿈을 꿨죠. 나는 타워에서 추락하고 있었고 제리가 나를 붙잡았어요. 그래서 나는 제리가 나를 돕고 보호해 주기 위해서 보내졌다는 것을 깨달았죠. 다음 날 제리가 나를 찾아내서는 '집에 갈 시간이에요. 펄'이라고 말했을 때, 나는 '네, 알아요.'라고 하며 차에 올라탔어요. 우리가 집에 도착한 후에 세인트 저메인이 나타나셔서 말씀하셨죠. '펄, 암망아지가 사방으로 뛰어다니는 것을 막을 방법은 없단다. 그러나 암망아지는 일단 길들여질 필요가 있지.' 그는 내가 그 암망아지라는 것을 넌지시 내비치셨죠. 당신도 알다시피, 제리는 말을 길들이는 데 익숙하죠. 그래서 나는 마스터가 나에게 제리를 끌어들여 내가 제멋대로 행동하는 것을 고치도록 단련시키신다는 걸 알게 되었죠. 그이가 없었다면 나도 당신들처럼 다른 사람의 간섭을 싫어하면서 산에서 내 마음대로 살았을 거예요."

많은 사람의 눈에 비친 제리는 성자였다. 그는 시내에서 일했고, 정오에 그가 점심을 먹기 위해 집에 돌아오면 펄은 손님들을 만나느라 바빠서 먹을 걸 만들어 주지 못했다. 그녀가 제리와 단둘이 저녁 식사를 할 수 있도록 한 시간만이라도 비워 두려고 애썼지만, 저녁에도 상황은 마찬가지였다. 그때조차도 그들은 전화벨이 울리거나 문을 두드리는 소리에 자주 방해를 받아야만 했다.

펄의 일이 처음 시작되던 어느 날 저녁, 저녁 식사 후에 노크 하는 소리가 들렸다. 펄은 거실에 앉아 뜨개질하고 제리는 신문을 읽고 있었다. 제리는 "내일 다시 오라고 해요."라고 말했다. "우리도 최소한 사생활을 보장받을 권리는 있어요."

펄은 배낭을 손에 들고 문간에 서 있는 한 청년에게 인사를 하며 말했다. "오늘 밤엔 당신을 만날 수 없어요. 내일 다시 와요."

"아." 청년은 의기소침해져 짐을 들고 대문을 지나 거리로 내려갔다.

그러나 펄이 거실로 돌아서자마자 세인트 저메인이 나타나 말했다. "펄, 그 아이는 도움이 필요해서 내가 보냈단다. 다시는 내 말을 거역하지 마라."

그녀는 그를 다시 부르기 위해 밖으로 뛰어나갔지만, 그는 사라지고 없었다. 거실로 돌아온 그녀는 제리에게 무슨 일이 있었는지 말했고 그녀가 마스터들을 위해 일하는 데 그의 협조가 필요하다고 말했다.

"좋아요. 나는 당신을 믿어요. 펄." 제리가 말했다. "내가 할 수 있는 한 당신을 돕도록 하겠소."

그때 이후로 제리는 전화를 받고, 약속을 잡아 놓고, 문 앞에서 방문객들을 맞이했다. 그는 가끔 손님들의 틈바구니에서 잠시 거실에 앉아 마치 처음 펄의 가르침을 듣는 것처럼 펄이 가르치는 것을 듣곤 했다. 편안한 의자에 앉아 신문, TV와 함께 하는 그의 저녁은 사라지고 없었다. 그는 많은 밤을 침실에 혼자 앉아 전화를 받을 준비를 하며, 벨 소리가 펄의 일을 방해하지 않도록 해주었다. 18년이 지나 이레카^{Yreka}로 이사한 후에야 그들은 사생활을 되찾을 수 있었으며, 그에게 상승을 대비한 자신만의 영적인 일을 할 수 있는 시간이 주어졌다.

나는 제리를 펄의 지지자, 보호자 이상으로 생각해 본 적이 없었다. 어느 날 내가 로스앤젤레스에 머물며 친구 집 거실에서 잠을 자다 한밤중에 제리가 내 옆에 무릎을 꿇고 앉아 있는 것을 발견할 때까지는 말이다. 비록 그는 에테르 몸체로 있었지만, 마치 샤스타의 집에서 만났을 때와 같이 실재처럼 보였다. 그는 현재 상황에서 내가 해야 할 일에 관해 설명한 후에 나를 보호해 주겠다고 말을 하고 사라졌다. 나는 그때, 그가 내가 알고 있던 것보다 훨씬 더 진보한 영혼이었다는 것을 깨닫게 되었다.

몇 년 후, 내가 이레카에 있는 펄과 제리를 방문했을 때, 나는 펄과는 훨씬 더 가까운 친구 사이처럼 되었지만, 제리는 내 선생님처럼 느껴졌다. 나는 그가 어떻게 펄에게 봉사하며 명상적 삶을 살았는지를 보면서, 한 마스터의 자아를 넘어선 자비심을 이해하게 되었다.

펄과 제리, 샤스타산의 집에서(사진 레일라)

제31장

한 걸음 한 걸음 오르는 우리

펄의 친구인 써니 위델은 《초인생활》 완결판을 편집한 후에 단체의 경영을 돕는 비서나 영적 서적의 편집자로서 봉사를 계속할 수 있는 다른 영적인 교사들을 찾고 있었다. 처음에 그녀는 갓프리 레이 킹의 학생이었던 제럴딘 이노센테Geraldine Innocente를 위해 일했는데, 제럴딘은 1951년에 마스터들의 가르침을 더 널리 알리기 위해 '자유로 가는 다리'(Bridge to Freedom)라는 단체를 출범시켰다. 하지만 써니는 제럴딘에게서 갓프리가 말할 때와 같은 마스터들의 영적 광휘를 느끼지 못해 그 단체를 떠났다. 그 후 그녀는 세인트 저메인 재단의 학생이었던 마크와 엘리자베스 프로펫Mark and Elizabeth Prophet 밑에서 일하게 되었다. 그렇지만 결국 엘리자베스가 얼마나 '마스터들의 구술문'을 광범위하게 고쳐 썼는지를 보고서 그녀는 또 사임했다. 결국 써니는 산의 오라aura 속에서 조용한 삶을 살기 위해 샤스타산으로 이사했다.

그녀는 평소 펄을 향한 큰 존경과 충성심으로 자주 봉사해 주었는데, 때때로 집 청소를 거들어 주는 일까지도 했었다. 1976년 어느 봄날 아침, 써니는 펄이 다락방 청소하는 것을 돕고 있었고, 거기서 원고가 가득 들어있는 상자 하나를 발견했다. 그 원고들은 1940년부터 1945년까지 모였던 I AM 학생들 그룹을 위해 펄과 밥을 통해 전해진 마스터들의 가르침들이었다. 자신의 발견에 대해 크게 기뻐한 그녀는 이렇게 말했다. "정말이지 이 담화들은 보물이에요. 이걸 누구나 읽을 수 있도록 책으로 만들어야 해요."

펄은 이에 동의했고, 써니가 가르침들을 정독한 뒤 출판에 적합한 형식으로 바꿀 수 있도록 상자를 집으로 가져가라고 허락해 주었다. 하지만 펄은 써니가 뉴에이지의 조류와는 맞지 않는 부분이 있었다는 것을 알고 있었기 때문에, 가장 가까운 학생들로 구성된 소규모 그룹에 써니의 작업을 도와 달라고 요청했다. 이 가르침들은 그 당시에만 타당했던 개인적인 메시지와 과다하게 반복적인 내용, 그리고 더욱 명확한 해석을 위해 삭제해야 할 이질적인 주제들을 담고 있었다. 펄이 신뢰하는 소수의 학생과 내가 이 과정에 참여했다. 하지만 히피 현상을 전혀 이해하지 못했던 써니는 당시에 그들이 펄의 시간을 너무 많이 빼앗고 있다며 분개했고 점점 더 펄에게 그녀의 프로젝트에 대한 그들의 '간섭'에 대해 불평을 늘어놓기 시작했다. 여느 편집 프로젝트와 마찬가지로 의견의 차이가 있었지만, 펄은 이러한 차이들을 해소하기 위한 어떤 장치도 마련하지 않았고, 불같은 성질을 가진 써니는 타협의 원칙을 이해하지 못했다. 한편으로는 써니로부터, 또 다른 한편으로는 제자들로부터 불평과 불만에 에워싸이게 되어 절망한 펄은 자신이 '한 걸음 한 걸음 오르는 우리'라고 이름 붙였던 이 원고를 결국 자신에게 반환시키도록 했다.

어느 날 아침, 내가 펄과 함께 앉아 있을 때 그녀는 내 무릎에 평범한 갈색 종이에 싸인 커다란 물체를 놓으며 말했다. "이걸 당신에게 넘겨줄게요."

"이게 뭐예요?"

"원고예요. 다시는 이것과 관련된 이야기를 듣고 싶지 않으니까 이걸 출판하든지 쓰레기통에 버리든지 당신이 하고 싶은 대로 하세요."

"정말로요?" 나는 갑자기 마스터들에게서 나온 담화집을 받게 되어 흥분해서 물었다.

"그래요. 그리고 다시는 원고에 관련된 이야기를 듣고 싶지 않아요." 그녀가 강조해서 말했다.

그 당시, 우리 둘 다 이 원본의 양도가 가져오게 될 일련의 사건들을 전혀 예측하지 못했다. 나는 펄이 그녀의 상위 자아와 세인트 저메인과의 상의 없이는 행동하지 않는다는 것을 알고 있었기 때문에 이 책의 출판에 관한 모든 일이 순조롭게 흘러가리라 생각했다. 그러나 나는 때로 마스터들이 어떤 높은 목적을 위해 그 상황에 관련된 사람들 모르게 상황을 뒤흔들어 놓는다는 사실을 깨닫지 못했다. 이는 그룹의 재편 작업이 이제 시작되었던 것이었다.

펄은 이상하게도 써니와 편집 그룹 사람들(스티브 볼록Steve Bollock, 진Gene과 메리 두다Mary Duda, 빌 가움Bill Gaum, 레일라 위컴Leila Whitcomb 그리고 다른 사람들)에게 그녀가 내게 준 원고의 독점적 권한에 대해 말하지 않았다. 나는 이로 인해 곧 들이닥칠 재앙을 눈치채지 못한 채 발행인을 찾고 있었다. 나는 원고 내의 맞춤법이나 원고 서식에 관한 것들을 거의 다 고쳐두었고 레이크몬트Lakemont에 있는 CSA 출판사와 미팅을 하러 조지아로 날아갔다. 나는 그 회사가 오래된 자수정 광산 위에 자리 잡고 있어 길조라고 생각했다.

하지만 그 상서로운 조짐도 그때 일어난 일로부터 나를 지켜주지는 못했고, 다음 2년 동안 나와 펄의 관계는 사실상 더 악화되었다. 자신의 개입 없이 책을 출판한다는 소식을 들은 써니는 인쇄업자들에게 연락하여 내가 원고를 훔쳤다고 말했다. 인쇄업자들은 소송 협박을 받았기 때문에 원고를 내게 돌려주었다. 나는 펄에게 일을 바로잡아 달라고 간청했다. 하지만 펄은 자신이 내게 완전한 권한을 주었다는 사실을 써니나 편집 그룹 사람들에게 말하지 않았다. 또한 펄은 출판업자에게 연락해서 이 문제에 관한 그녀의 입장을 정정하지도 않았다. 나는 (펄이 많이 의지했던 스티브 볼록을 포함한) 편집 그룹 사람들과 친했고 펄의 촉망받는 제자 중 하나였기에 뒤이어진 불화는 혼란을 일으켰다. 그리고 이듬해부터 펄의 그룹은 해체되기 시작했다.

십수 년이 지난 후에, 나는 내 자서전인 《서양 신비주의자의 모험》(Adventures of a Western Mystic)을 쓰기 시작했고 스티브는 세인트 저메인 극장 근처 숲에 있는 자기 집의 방을 내게 빌려주었다.

이것은 한때 유용했던 구조를 해체하고, 각 개인이 밖으로 나가 자신이 펄의 발아래서 배운 가르침을 각자의 삶에 적용할 수 있도록 영적 동기를 부여하는 마스터들만의 방식이었다. 이 방식은 또한 펄이 샤스타산의 품을 떠날 수 있게 해주었으며, 그녀가 자신의 상승을 준비할 수 있도록 그녀에게 시간을 남겨주는 방편이 되었기도 했다.

《한 걸음 한 걸음 오르는 우리》는 마침내 1977년에 이레카

서쪽 언덕에 있는 해피 캠프Happy Camp의 작은 출판사를 통해 출판될 예정이었다. 그리고 마스터들이 내게 전해준 담화 글을 담은 소책자 《"나는" 열린 문이다》("I AM" The Open The Door)도 같은 해에 출판하기로 되어 있었다. 아이러니하게도 펄이 로터스 부인과 겪었던 고통스러운 분열이 그녀에게 다시 돌아왔다. 로터스 부인이 펄의 책 《"I AM" 미국의 운명이다》("I AM" America's Destiny)을 거부했듯이 펄은 마스터들이 내게 준 책을 거부했다.

이런 분쟁에 마음이 어지러웠던 펄은 고통스러운 대상포진에 시달렸고, 나는 마을에 퍼진 소문 때문에 고통받아야만 했다. 이 소용돌이에서 벗어나기 위해, 나는 친구들과 함께 위드Weed에서 북쪽으로 16km 떨어진 곳으로 이사했는데, 그곳의 이름은 얄궂게도 디비전Division 거리, 즉 분열이라는 뜻을 지닌 곳이었다. 써니는 마스터들이 어떤 더 높은 목적을 이루기 위해 이 분쟁을 마련했는지 이해하지 못한 채 2년 후 세상을 떠났다. 펄과 나 사이의 관계 회복은 몇 년 후에 펄과 제리가 상승하도록 도와주던 빌 가움이라는 청년의 영적인 통찰을 통해 찾아왔다.

1982년 어느 날, 펄과 제리는 샤스타산 주변 산골을 여행하는 긴 노정路程의 한 장소를 차를 타고 이동하고 있었다. 그들은

---

* 지금은 《Step by Step: Ascended Master Discourses》로 재편집되었으며 Amazon.com이나 Smashwords.com에서 다운로드 가능하다.

틈틈이 빛을 지구로 보내거나, 그들이 지나쳐 온 마을 사람들을 위해 빛을 불러오곤 했다. 그들은 집으로 돌아오는 길에 북쪽으로 65km 떨어진 이레카에 들르기로 했고, 마을로 들어서는 순간 펄은 I AM 현존의 목소리를 들었다. "침실이 두 개인 집을 사고, 월세로 빌리지는 말아라." 그녀는 버려진 갱도 위에 지어진 오래된 광산 마을 이레카가 결코 마음에 들지 않았다. 하지만 그녀는 제리에게 자신이 들었던 목소리를 이야기했고, 집을 알아보기 위해 신문을 샀다. 그렇게 하는 것이 자신의 상위 자아와 논쟁하는 것보다 낫다고 생각했기 때문이었다.

　제리는 신문의 부동산 코너에서 흥미로워 보이는 한 집을 발견했고, 그들은 집을 내놓은 사람에게 전화를 걸었다. 그 집은 네이처스 키친Nature's Kitchen이라는 건강식품 가게 겸 레스토랑 주인의 소유였는데, 네이처스 키친은 마을에서 가장 활발한 장소 중 하나였다. 그들은 집을 둘러보았는데, 두 사람 다 계약해야 한다는 느낌을 받았다. 펄은 네이처스 키친에서 주인과 대화를 나누던 중에 또다시 목소리를 들었다. "지금 수표를 쓰거라." 그녀는 이를 제리에게 말했고, 제리는 펄의 직감을 굳게 믿고 있으므로 수표를 써서 주인에게 건네주었다. 그들이 막 거래를 끝내고 악수를 하고 있을 때, 한 남자가 들어와서 말했다. "당신 집을 사고 싶어서 찾아왔어요. 여기 수표도 가지고 왔어요." 하지만 주인은 그에게 너무 늦었다고 대답했다.

펄과 제리는 사우스웨스트South West 거리의 조용한 동네에 있는 집으로 이사했다. 가끔 몇몇 학생들이 여전히 그녀를 방문하기 위해 순례길에 오르긴 했지만, 펄은 자신의 내적인 작업에 몰두할 시간이 점점 더 많아졌다. 이제 제리도 퇴직해서 그 역시 더 많은 시간을 자신에게 쓸 수 있게 되어 마을 주변을 산책하곤 했다. 하지만 그는 샤스타산에서 했던 일들을 그리워했다.

펄은 이제 매일 그녀를 만나러 오는 수십 명의 사람에게 그렇게 많은 시간과 에너지를 쏟아붓지 않아도 되었으며, 자신의 상승 과정을 차근차근 밟을 수 있게 되었다. 그녀의 손을 잡아본 많은 사람은 그녀가 마치 실제 사람처럼 만져지지 않는 듯, 점점 더 에테르적으로 변해가고 있다고 되풀이해서 말했다. 이처럼 그녀의 진동수가 증가할수록 생명을 유지하는 에너지가 근원으로부터 직접 나오면서, 그녀는 더는 자신이 무언가 먹을 필요가 없다는 것을 알게 되었다. 그녀는 이원성에서 완전히 벗어나 자신의 I AM 현존과 합쳐지기 시작했고, 더는 안내를 받기 위해 I AM 현존과 대화를 나누지 않았다.

2년 후 그들은 갑자기 이레카의 서쪽 계곡에 있는 포트 존스Fort Jones로 이사했다. 이레카에 편안하게 정착하고 있던 그들이 급작스럽게 이사하게 된 것은 안내에 의한 것이긴 했지만, 어쨌든 그들은 마스터들의 어떤 설명 없이도 그것을 실행에 옮겼다. 이쯤, 이전에 펄과 만난 적이 있던 빌 가움이 펄을 만나기 위해 찾아왔다. 그는 최근 외교정책 전공으로 행정학 석사학위를 받았으며 미국 하원 의원 밑에서 인턴연수를 마치고 워싱턴 DC에서 막 돌아온 때였다. 그는 정부와 관련된 일자리를 찾기 전에 펄을 통해 상승 마스터들과 상의하기를 원했다. 놀랍게도 그에게는 정부에 일자리를 구하는 대신 펄과 제리를 돌보라는 직접적인 안내가 주어졌다. 그들은 이제 80세가 다 되었고 점점 더 도움의 손길이 필요했다. 빌은 그것이 한시적인 임무라고 생각했지만, 실제로는 그것이 다음, 6년 동안 그가 맡아야 할 봉사였다.

빌은 마치 아들처럼 그들과 많은 시간을 보냈다. 제리는 빌이 차고 앞에 주차해 뒀던 캠핑카에서 지낼 수 있도록 배려해 주었다. 그러나 그들이 문을 열기 위해 차를 옮기러 갔을 때, 배터리가 방전되어 자동차 엔진에 시동이 걸리지 않았다. 심지어 전조등조차도 들어오지 않았다.

빌과 제리가 차 안에 앉아 어떻게 해야 할지 궁리하고 있을 때, 펄이 나와서 물었다. "무슨 문제가 있나요. 제군들?"

"배터리 수명이 다 되었네요." 제리가 말했다.

"음, 당신은 그냥 있어요. 내가 뭘 할 수 있는지 한번 볼게요." 펄이 자신 있게 말했다.

제리는 그렇게 해도 상관없다는 듯 어깨를 으쓱했고, 펄이 차 앞에 서서 두 손을 후드 위에 올려놓는 것을 빌과 함께 지켜보았다. 잠시 침묵이 흐른 뒤 그녀가 말했다. "됐어요. 이제 시동을 걸어 봐요."

제리가 차 키를 돌리자마자 엔진은 굉음을 내며 되살아났다. 제리가 빌을 향해 짓궂은 유머를 던졌다. "펄이 아직 꽤 힘이 남아 있나 봐."

트럭을 앞으로 뺀 후에 빌은 그의 새 침실에 들어갈 수 있었다. 그것은 워싱턴에 있는 호화로운 콘도도 아니었고, 그가 그토록 오랫동안 학교에 다니면서 꿈꿨던 정부 권력의 핵심에 있는 자리도 아니었지만, 그 일은 확실히 대백색 형제단을 위한 고용이었다.*

1851년 샤스타 부족의 학살 현장이었던 포트 존스에 머무는 동안, 펄은 지상에 아직도 갇혀 있는 이 영혼들이 자유를 얻는 것을 돕기 위해 자신이 보내졌다는 것을 깨달았다. 그녀가 해방을 도왔던, 아스트랄계에 갇혀 있는 영혼 중에는 이전 시대의 존재들도 있었다. 그녀는 침대에 일어나 앉아 몇 명의 영혼을 불러서 그들의 슬픔을 들어주고 이야기를 나누며 그들을 빛의 세계로 인도하기도 했다. 그녀는 보라색 불꽃의 천사들과 대천사 마이클에게 그들에게 남아 있는 모든 카르마를 녹이

---

* 대백색 형제단은 그 명칭에도 불구하고, 많은 다양한 인종들과 여성들이 속해 있는 단체다. 그레이트 롯지Great Lodge 혹은 하이어라키hierarchy라고도 불린다.

고 그들이 영적 진화를 계속할 수 있는 더 높은 차원으로 올라갈 수 있도록 청원했다. 포트 존스에서 한 달 정도 지낸 후에, 펄은 그곳에서의 자신의 임무가 모두 끝났고 이제 원래 집으로 돌아갈 때가 됐다는 것을 깨달았다. 빌은 그들이 짐을 꾸리는 것을 도왔고, 곧 그들은 이레카로 돌아왔다.

방문자들은 펄을 만나기 위해 가끔 샤스타산에서 오거나 오레곤에서 차를 타고 내려왔다. 펄의 예전 학생 중 많은 이들이 계속해서 그녀를 찾아왔지만, 펄과 마스터들의 연결, 펄의 현존 안에서 삶이 변화한 이들의 소문을 들은 새로운 학생도 몇 명 방문했다. 많은 사람은 단순히 그녀 곁에 머무르며 그녀가 내뿜는 사랑을 느끼기 위해 찾아왔다.

어느 날 심령술사(Professional Psychics)인 두어 명의 여성들이 펄을 보기 위해 찾아왔다. 펄이 그들에게 왜 이곳에 왔는지를 물었을 때, 그들은 다음과 같이 대답했다. "우리는 수년 동안 당신을 채널링해 왔습니다. 그래서 당신을 꼭 뵙고 싶었어요."

펄과 빌은 이것이 재미있다고 느꼈다. 펄은 지난 몇 년 동안 채널링이라는 것을 보통 훈련되지 못한 에고와 과도한 상상의 결합 산물이거나, 환생하지 못한 실체(지상에 묶인 영혼)들에 씐 것으로 생각했기 때문이었다. 그녀는 그들에게 마스터들이 강조했던 것을 말해주었다. 그것은 설령 어떤 사람이 마스터를 채널링할 수 있다 하더라도, 그 채널링이 자아 완성으로 이

어지지는 않는다는 것이었다. 자아 완성은 낮은 자아의 에고와 마음을 잘 다스릴 수 있어야 성취할 수 있는 것이다.

1986년 어느 날, 펄은 자신이 지구를 떠나고 있다는 느낌을 받았는데, 이는 상승 과정, 즉 육신의 진동이 가속화되는 과정이라는 것을 느끼기 시작했다. 펄은 자신의 쌍둥이 광선인 밥이 잠자다가 세상을 떠났다는 전화를 받고서 밥과 자신은 하나이므로 자신이 그의 상승에 참여하고 있다는 사실을 깨달았다. 이 과정은 사흘 동안 계속되었다. 펄은 더는 이전과 같지 않았다. 그녀는 훨씬 더 에테르적인 상태로 변했고 먹거나 잘 필요가 없었다.

얼마 되지 않아, 제리가 심장마비를 일으키자 펄은 또 한 번 충격을 받았다. 그와 함께 이레카의 병원에 앉아 있던 그녀는 그가 변성을 겪고 있다는 것을 알고서, 그의 손을 꼭 잡았다. 세상을 떠나기 직전, 그는 그녀의 눈을 바라보면서 말했다. "당신은 정말 아름다워요." 그는 자신의 두 눈에 엄청난 경이로움을 품은 채로 그 말을 되풀이하고선 몸을 떠났다.

펄은 제리의 인내심으로 인해 치유되었으며 자신의 영적인 성장 역시 그 덕분에 가능했다고 말했다. 그의 온화한 강인함은 그녀가 이 생애에서 완성을 성취하도록 도왔다.

제리 도리스 샤스트산의 집에서, 1975년

제32장

빌이 드러낸 것

펄이 잠자리에 든 어느 날 저녁, 빌은 《"나는" 열린 문이다》를 집어 들고 싶은 충동이 일었다. 그것은 1977년 마스터들이 내 눈앞에 빛의 몸으로 나타나 전해준 가르침들을 엮은 책이었다. 빌은 그레이트 디바인 디렉터가 구술한 첫 문장을 읽기 시작했을 때, 마스터들의 광휘가 그를 통해 거침없이 흐르는 것을 느꼈다. 그는 아침에 일어나 전날 밤 느꼈던 것, 그리고 자신은 그 구술된 가르침들이 진짜라고 생각한다고 펄에게 말했다. 펄은 사실 자신은 그 책을 펼쳐본 적도 없다고 시인했다. 그리고는 빌이 책을 그녀의 손에 쥐여주었을 때, 드라마의 베일이 들어 올려졌다. 그 드라마의 목적은 상승 마스터들만이 알고 있는 것이었다. 빌과 마찬가지로 펄 역시 상승한 존재들만이 내뿜을 수 있는 그 에너지를 느끼면서 말했다. "아, 내가 끔찍한 실수를 저질렀구나. 피터에게 사과해야겠어."

샤스타산에 있는 나의 2층 사무실에 있던 나는, 두 사람이 삐걱거리며 계단을 올라오는 소리를 들었다.* 놀랍게도 내 앞에는 빌과 함께 펄이 서 있었다. 그들은 의자에 앉았고, 빌이 말했다. "펄이 당신에게 데려다 달라고 부탁하셨어요. 당신에게 뭔가를 해주고 싶다고 하시네요."

펄이 말했다. "나는 내가 당신에게 잘못했다는 사실을 깨닫게 되었어요. 따라서 당신만 좋다면 《"나는" 열린 문이다》를 페이퍼백(염가판)으로 출판하고 싶어요. 그 책은 마스터들의 에너지를 전하고 있습니다. 따라서 나는 그걸 가능한 한 많은 사람이 읽게 하고 싶어요."

내가 그녀의 제안에 매우 놀라는 동안, 그녀는 몸을 앞으로 기울여 내 손을 그녀의 손으로 가져갔고, 과거에 그랬던 것처럼 내 눈을 들여다보았다. 그 순간 오래된 우리의 유대가 되살아났고, 우리는 말이 필요 없는 영원한 사랑을 알아보았다. 시대를 초월한 그 순간이 지나자 그녀는 일어서서 빌의 손을 잡고 계단을 내려갔다.

---

* 나는 펜드라곤 클리닉Pendragon Clinic의 윌리엄 S. 레너드William S. Leonard 박사에게 사무실을 빌려 썼었다. 그리고 그곳에서 점성술과 대체 의술을 연습했었다.

몇 주 후, 우리는 출판물을 정리하기 위해 차를 타고 해피 캠프에 있는 인쇄소를 방문했고, 몇 달 안에 책이 우리 손에 들어왔다. 그 책은 이내 형이상학 분야에서 베스트셀러(현재 독일어와 프랑스어, 한국어로 번역돼 판매되고 있으며 iTunes와 Audible.com에서 오디오북으로도 구할 수 있다.)가 되었고 생애 마지막 몇 년 동안 펄은 자신을 만나러 왔던 많은 사람에게 그것을 나누어주었다.

제33장

펄의 상승

펄이 세상을 뜨기 몇 년 전, 그 시간 동안 나는 그녀와 멀어지기 전보다 훨씬 더 가까워지게 되었다. 아마 그것은 내가 더는 그녀의 학생이 아니라 그녀의 친구가 되었기 때문일 것이다. 그녀와 빌, 그리고 나는 자주 샤스타산에 점심을 먹으러 나갔다. 당시에는 휴대폰, 문자, 이메일이 없었기 때문에 이 모임은 순전히 내적인 수단들을 통해서만 마련되었다. 나는 단순히 내 앞에 있는 펄의 얼굴을 보고 밖으로 나가야 한다는 충동을 느끼곤 했다. 빌이 때마침 연석 쪽에 차를 대거나, 아니면 내가 길을 따라 내려가고 있을 때, 그들이 내 옆으로 차를 대기도 했다. 우리는 자주 랄로Lalo의 멕시코 식당에 가서 우에보스 란체

로스 huevos rancheros 한 접시를 주문하여 셋이 나눠 먹었다. 빌은 콩 종류와 쌀을 먹었고 나는 달걀과 토르티야를 먹었다. 빌이 펄에게 뭘 좀 먹으라고 하자, 펄은 접시에 양상추 한 조각을 가져다 놓고 조금 뜯어 먹었다. 한번은 펄이 아무것도 먹지 않는 것을 본 종업원이 테이블로 다가와 걱정스럽게 물었다. "더 드시고 싶으신 건 없으세요?"

"아니요. 고마워요. 저는 몇 년 동안 음식을 먹지 않았어요." 펄이 대답했다.

"배고프지 않으세요?" 종업원이 충격을 받은 채로 물었다. "먹지도 않고 어떻게 사세요?"

"나는 사랑으로 산답니다." 펄이 웃으며 대답했다.

충격을 받은 여종업원이 자리를 떠났다. 마스터들은 펄에게 생의 마지막 몇 년 동안 세 번이나 상승을 제안했다. 한 번은 그녀가 자신의 집에서 한 그룹 앞에 앉아 있을 때였고 또 다른 한 번은 1987년 크리스마스 이틀 후 뇌졸중이 왔을 때였다. 그때마다 그녀는 말했다. "제가 도와줄 수 있는 사람이 있는 한, 이 육신 속에 남아 있겠습니다." 그렇지만 마스터들은 결국 그녀에게 더는 상승을 미룰 수 없으니 준비하라고 말했다. 1990년 8월 9일, 그녀는 빌에게 말했다. "나는 상승 과정을 시작하고 있고 위대한 존재들이 나를 돕고 있어요." 그녀는 상위 차원에서 행해지는 의식(ceremony)을 묘사했다.* 그것은 그녀가 상승 마스터들의 영역으로 들어가는 것을 환영하는 의식이었다. 그 상승 과정은 상위 멘탈체로서의 그녀의 의식이 점점 더 강해지면서 10월까지 이어졌다. 그녀가 세상을 떠나기 일주일 전, 그녀의 침대 곁에 앉아 있던 한 그룹은 아름다운 악음樂音을 들었고 빛의 구체 속에 감싸였다. 마침내 이 상승 과정은 1990년 10월 19일 새벽, 그녀의 육신과의 마지막 연결이 끊겼을 때 마무리되었다. 빌이 유일하게 그녀의 마지막을 함께했고, 그는 이후에 그 집이 마치 빛 속에서 정화되는 듯했다고 말했다. 그녀의 유언대로 장례식은 치르지 않았지만, 그녀의 시신은 3일 동안 보존된 후에 화장되었다. 펄의 85세 생일, 다음 날인 10월 21일, 옛 학생들이 그녀에게 감사의 마음을 전하기 위해 그녀의 자택에 모였다. 빌은 그날 일어났던 단체 명상이 그가 겪었던 것 중 가장 강렬했던 단체 명상이었다고 말했다.

나는 펄을 8월에 찾아가 만났었지만, 그녀가 세상을 떠날 때는 내 딸이 막 태어나 애리조나에 있었다. 나는 티베트 라마들이 세상을 떠날 때 자주 일어나는 일처럼, 그녀가 육신을 떠날 때도 하늘에 무지개가 뜰 것이라고 항상 생각했었다. 혹은, 마

---

* 나는 빌 가움이 쓴 《미국의 성자, 펄 도리스의 삶과 가르침》(The Life and Teachings of Pearl Dorris, an American Saint)에서 펄의 죽음에 관한 상세한 내용을 읽었다. (미발표 원고, 2001)

스터들이 그녀를 천사 합창단들과 함께 더 상위 차원으로 호위하리라 생각하기도 했다.

그러나 대단히 실망스럽게도 나는 어떤 현상도 경험하지 못했다. 나는 그녀의 상승 과정에 대해 빌의 기록에만 의지해야 했고 일 년이 넘는 동안 펄과 내적인 만남을 가지지 못했다. 그러나 이내 그녀는 꿈속에서 나를 가끔 찾아오기 시작했다. 이런 방문들은 그녀가 완전히 자유로우며, 더는 육체적인 형체로 돌아올 필요가 없음을 의미했다.

《나의 자서전 2》(Apprentice to the Masters)가 출간된 지 2년 후인 2012년에는, 나는 여러 단체로부터 초청을 받아 마스터들과의 경험과 그들의 가르침에 관해 이야기하기 시작했다. 내가 이런 것들을 얘기했던 장소 중 하나는 로스앤젤레스의 유니버설 스튜디오 길 건너편이었다. 그곳에서 한 여성이 관심의 중심이 되고 싶어 하는 듯, 대화 중 말을 가로채기 시작했다. 그러자 불현듯 펄이 내 옆에 와 있었다. 나는 펄이 지닌 차분한 현존을 느낄 수 있었다. 그녀는 이 여성을 어떻게 대해야 하는지 말해주는 듯했다. 그러니까 그녀는 내가 가끔 그녀에게서 보았던 그 단호함을 내게도 요구하고 있었다.

우리는 돌아가면서 유니버설 스튜디오를 지나쳤는데, 그곳은 펄이 20대 때 잠시 무성영화의 여배우로 활동했던 곳이었다. 나는 그녀가 내게 말하는 것을 들었다. "이제 당신은 내가 그 세월 동안 무엇을 다뤄야 했었는지 이해했군요. 그것은 당신의 가장 큰 성장을 이루게 할 뿐만 아니라, 당신이 가장 큰 도전에 직면하게끔 하는 사람들의 인간적인 에고(항상 자신이 가장 잘 알고 있다고 생각하는)를 어떻게 대해야 하는가에 대한 것입니다."

비록 그녀가 세인트 저메인이나 사이 바바처럼 내 앞에서 육체적인 형체로 물질화되어 나타나지는 않았지만, 나는 그녀의 현존을 자주 인식한다. 특히, 위대한 가치를 지닌 진주인 그녀의 사랑이 거하는 곳이기도 한 내 가슴속에서 말이다.

> **또한, 천국은 좋은 진주를 찾는 장사꾼과 같으니,**
> **극히 값진 진주 하나를 발견하매**
> **가서 자기의 소유를 다 팔아 그 진주를 사느니라.**
> *- 마태복음 13:45 -*

주: 펄은 이 책의 많은 독자에게 나타나, 그들에게 축복이나 다른 개인적인 격려를 해 주었다. 나는 이 책이 그녀 활동의 전환점을 보여주는 책이라고 느낀다. 그녀가 상승의 영역으로 들어간 지 33년이 지난 지금(2023 현재), 그녀는 빛의 학생들을 돕기 위해 더 가까이 다가오고 있다. 그녀는 특히 여성으로 환생한

이들을 돕고 싶어 하는 것 같다. 당신은 의식을 내면에 집중하고, "나는 펄의 현존입니다.(I AM the Presence of Pearl)"를 느낌으로써, 그녀에게 도움을 요청할 수 있다.

나는 펄의 현존이다.(I AM the Presence of Pearl.)

피터 마운트 샤스타의 다른 책들(영문판)

"I AM" the Open Door

"I AM" Affirmations and the Secret of their Effective Use

"I AM" The Living Christ

"I AM" the Violet Tara

Search for the Guru: Adventures of a Western Mystic, Book I

Apprentice to the Masters: Adventures of a Western Mystic: Book II

My Search in Tibet for the Secret Wish-Fulfilling Jewel

Lady Master Pearl, My Teacher

Step By Step, Ascended Master Discourses

It Is What It Is: Further Adventures of a Western Mystic

"I AM" The Key to Mastery (Ascended Master Instruction)

추신 : 이 전기의 역사적 정확성에 관하여

내가 펄을 알고 지냈던 대략 17년 동안, 나는 그녀의 다양한 에피소드들과 이야기들을 최소한 50번 이상은 들었습니다. 그렇지만, 펄도 이 이야기들을 매번 똑같이 묘사하지는 않았고, 그녀 생의 마지막에 가까워졌을 때는 외적인 부분에 관한 자세한 사항들이 많이 바뀌어 묘사되었습니다. 나로서는 정확히 몇 년도에 어디서 이러한 일들이 일어났는지를 약간은 의구심을 가질 수밖에 없었습니다.

더 길고 완전한 펄의 전기를 빌 가움Bill Gaum이 쓰고 있습니다. 빌은 펄과 제리의 노년기에 몇 년 동안 그들을 옆에서 돌봐 주었는데, 펄의 개인적 기록들도 보관하고 있습니다. 친절하게도 빌은 그가 현재 쓰고 있는 펄의 전기를 내가 인용할 수 있도록 해주었고, 그의 허락하에 나는 아직 미발간된 그 책의 일부분 중 적절하다고 느낀 부분을 여기서 인용했습니다. 그러나, 내가 쓴 내용이 여전히 어떤 특정한 부분에서 약간 부정확한 부분이 있을 수도 있음을 양해를 구합니다.

펄의 이야기가 세월이 가면서 자주 바뀌었던 예를 들어보자면, 그녀가 "나는 선하다"(I AM good)라고 말해서 다른 이들로부터 비난받았던 에피소드입니다. 그녀는 이 에피소드를 정말 여러 번 언급했었습니다. 펄의 설명에 따르면 '그들'은 그녀에게 "당신은 그렇게 말하면 안 됩니다"라고 말했고, 이 일이 학교에서 있었던 일이라고 했습니다. 나는 그 당시에는 펄이 이야기하는 '그들'이 고등학교의 선생님들인 줄로 여겼는데, 세월이 가면서 나중에는 대학에서 이 일이 일어났다고 했습니다. 그래서 나는 '그들'이 그녀가 로스앤젤리스에서 젊은 시절 다녔던 비즈니스 대학의 교수들을 지칭한다고 생각했었습니다. 몇 년이 더 지나서 펄이 '교실에서'(in the class)라는 말을 했을 때, 나는 그제야 '그들'이 그녀가 샌프란시스코에서 가르쳤던 수업에 참석했던 세인트 저메인 재단의 다른 스태프들인 것을 깨닫게 되었습니다.

이러한 몇몇 장소나 인물들에 관한 불확실성에도 불구하고, 이 이야기들의 핵심은 변하지 않습니다. 그래서 나는 몇몇 상세한 상황에 관한 불확실성 때문에 이야기 자체를 책에서 제외시키는 것보다는, 많은 이들의 삶을 바꾸고 서양에서 비의적 가르침으로 주어지는 방식을 완전히 바꾼, 펄이라는 이 특별한 여성의 삶의 정수(essence)를 보여주기 위해 내가 할 수 있는 한 최선을 다해서 썼습니다.

펄은 자신을 영적 스승으로 선전하기 위해 어떤 것도 하지 않았고, 동시에 그녀를 찾아오는 어떤 이도 돌려보내지 않았습니다. 그녀는 우리 중 어떤 이의 할머니일 수도 있었던 평범한 여성이자 사람이었습니다. 그러나 그녀는 자신 안에 내재하신 그리스도의 빛에 의해 의식이 한없이 고양되어 있었기 때문에, 펄은 그녀가 만나는 모든 이들을 단순히 그녀의 사랑의 힘으로 축복할 수 있었습니다.

서양에서는 진실한 스승은 거의 대부분이
전혀 알려지지 않았습니다.
당신이 혹시 운이 좋아 그중 한 명을 찾는다고 해도,
집요하게 파고든 후에야 그 스승이 아는 것을
간신히 들을 수 있을 것입니다.

– 사티야 사이 바바 –

감사의 말

귀중한 이 책이 한국에서 출판될 수 있도록 확고하면서도 구체적인 지도를 통해 길을 잃지 않도록 보살펴 주신 마스터 펄님, 그리고 아낌없는 관심과 사랑을 주신 아이엠티칭스 카페 회원들께 깊은 감사를 드립니다. 특히 이 책이 출판되는 과정에서 큰 도움을 주신 정성숙, 서영환, 이채원, 김회화, 김회옥, 유승형, 조안나, 염혜지, 장새연 그리고 이상범, 배민경, 김성희, 편집을 맡아 주신 공찬님께 감사드립니다.

이 책과 레이디 마스터 펄을 통해 한국에 수많은 여성 마스터들이 나타나기를, 그리고 이를 통해 한국에 신성한 어머니의 사랑과 자비의 파동이 영원히 자리잡기를 기도합니다. 이 책이 한국과 동아시아에 새로운 평화의 시대를 여는 하나의 초석이 되기를……

발행인